（2）通信ネットワークに関する知識

●ネットワークの構成

□アナログ回線

□ディジタル回線

□パケット

□LAN

　□有線LAN

　□無線LAN

　　□Wi-Fi

　　□SSID

□テザリング

●ネットワークの活用

□ピアツーピア

□クライアントサーバシステム

□ストリーミング

□グループウェア

JN132568

（3）情報モラルとセキュリティに関する知識

●権利の保護と管理

□知的財産権

　□産業財産権

　□著作権

□肖像権

□著作権法

□個人情報保護法

□不正アクセス禁止法

□フリーウェア

□シェアウェア

□サイトライセンス

□OSS

●セキュリティ管理

□多要素認証

□多段階認証

□ワンタイムパスワード

□シングルサインオン（SSO）

□アクセス許可

　□フルコントロール

　□読み取り

　□書き込み

□ファイアウォール

□セキュリティホール

□キーロガー

□ランサムウェア

□ガンブラー

□暗号化

□復号

□バックアップ

本書の構成と使い方

　本書は「全商情報処理検定　プログラミング2級」の合格を目指すみなさんが，検定出題範囲すべてにわたって十分に理解できるように編集しています。本書を活用して合格を勝ち取ってください。

Part I　アルゴリズム編

　プログラミング2級の出題範囲である「アルゴリズム」に対応する，流れ図の基本的な手順を学習できます。検定試験問題の【5】〜【7】に相当します。

　プログラミングの重要な要素であるアルゴリズムを，豊富な編末トレーニングで実践的に身につけてください。

Part II　マクロ言語編

　プログラミング2級の出題範囲である「プログラム言語」および「アルゴリズム」に対応しています。検定試験問題の【4】に相当します。

　マクロ言語によるトレースを習得するために，プログラミングの基礎を，ていねいな解説で実践的に身につけてください。

Part III〜IV　プログラミング関連知識編 〜 知識編

　プログラミング2級の出題範囲である「関連知識」および，全商情報処理検定2級の「共通範囲」の用語に対応しています。検定試験問題の【1】〜【3】に相当します。

　情報処理に関する知識を，着実に身につけてください。また，Part III〜IVは冒頭に「学習のポイント」を設け，検定用語を体系的に学べるように配慮しました。

学習と検定
全商情報処理検定テキスト

2級
プログラミング部門

実教出版

目次

Part I　アルゴリズム編

Lesson1	**流れ図の導入（3級の復習）**	
	1　基本的な手順	4
	2　繰り返し処理	6
Lesson2	**流れ図の基礎**	
	1　データの集計・件数	10
	2　最大値・最小値	12
	3　多分岐	14
	4　配列と線形探索	16
Lesson3	**流れ図の応用**	
	1　検定問題の解き方	20
	2　データの集計・件数	22
	3　最大値・最小値	24
	4　線形探索	27

編末トレーニング ———————————— 30

Part II　マクロ言語編

Lesson1	**マクロ言語の基礎**	
	1　マクロ言語	42
	2　マクロ言語の文法	43
	3　VBA実習	48
	4　実習例題	54
Lesson2	**マクロ言語（トレース）**	
	1　マクロ言語（トレース）の基礎	58
	2　二重ループを含むトレース	60

編末トレーニング ———————————— 62

Part Ⅲ　プログラミング関連知識編

　　1　プログラムの流れとプログラム言語　　　70
　　2　変数　　　72

編末トレーニング ──────────────── 74

Part Ⅳ　知識編

Lesson1　**ハードウェア・ソフトウェア編** ──────────
　　1　ハードウェアの構成　　　76
　　2　ソフトウェアに関する知識　　　81
　　3　ディレクトリとファイル　　　87

Lesson2　**通信ネットワーク編** ────────────
　　1　ネットワークの構成　　　93
　　2　ネットワークの活用　　　96

Lesson3　**情報モラルとセキュリティ編** ──────────
　　1　権利の保護と管理　　　99
　　2　セキュリティ管理　　　102

編末トレーニング ──────────────── 107

Part I アルゴリズム | 編

Lesson 1 流れ図の導入（3級の復習）

1 基本的な手順

1 流れ図（フローチャート）とは

　プログラムの作成において，どのような手順で処理をしたらよいかその処理手順を考える作業が必要となる。コンピュータに処理をさせる手順は，文章で記述してもよいが，図で表現したほうが分かりやすい。このような処理手順を示した図を**流れ図**（フローチャート）と呼ぶ。

　流れ図は，プログラムの作成を容易にするとともに，プログラム作成者以外の人がプログラムの構造を理解するためにも役立つ。

2 流れ図記号

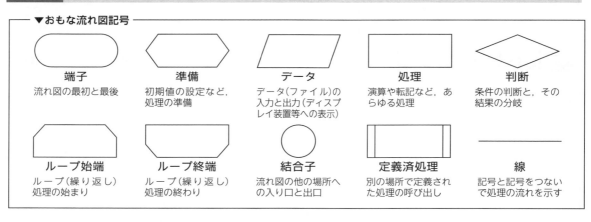

▼おもな流れ図記号

端子
流れ図の最初と最後

準備
初期値の設定など，処理の準備

データ
データ（ファイル）の入力と出力（ディスプレイ装置等への表示）

処理
演算や転記など，あらゆる処理

判断
条件の判断と，その結果の分岐

ループ始端
ループ（繰り返し）処理の始まり

ループ終端
ループ（繰り返し）処理の終わり

結合子
流れ図の他の場所への入り口と出口

定義済処理
別の場所で定義された処理の呼び出し

線
記号と記号をつないで処理の流れを示す

3 流れ図のルール

①流れ図の処理手順は，原則として上から下へ，左から右へと流れる。この原則と違った流れを示す線は矢印（→）を使用する。
②原則の流れであっても，見やすくするために矢印（→）を使用する場合がある。
③それぞれの線は，できるだけ交差しないように作成する。

【例】売上データを読み，金額を計算して表示する。

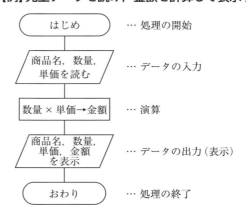

はじめ　　　　… 処理の開始

商品名，数量，単価を読む　　　　… データの入力

数量 × 単価→金額　　　　… 演算

商品名，数量，単価，金額を表示　　　　… データの出力（表示）

おわり　　　　… 処理の終了

次の流れ図記号にあてはまる名称および処理内容を解答群から選び，記号で答えなさい。

流れ図記号	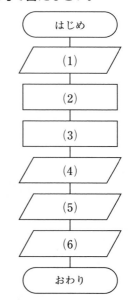				
名　　　称	(1)	(2)	(3)	(4)	(5)
処 理 内 容	(6)	(7)	(8)	(9)	(10)

─解答群─
ア．処理　　　　　　　イ．準備　　　　　　　ウ．データ
エ．ループ終端　　　　オ．結合子　　　　　　カ．判断
キ．端子　　　　　　　ク．合計を初期化　　　ケ．平均を表示
コ．身長＞180　　　　サ．国語＋数学→合計　シ．おわり

(1)		(2)		(3)		(4)		(5)	
(6)		(7)		(8)		(9)		(10)	

　入力データのような実力テストの得点データを読み，合計と平均を計算し，実行結果のように表示する流れ図の(1)から(6)にあてはまる記述を解答群から選び，記号で答えなさい。

入力データ

1回目	2回目	3回目
86	73	81

実行結果

```
（1回目）　（2回目）　（3回目）
  86       73       81
            （合計）240
            （平均） 80
```

※（ ）で囲まれた文字は，項目を
わかりやすくするためのもので
あり，実際には表示されない。

─解答群─
ア．合計を表示
イ．平均を表示
ウ．1回目，2回目，3回目を表示
エ．1回目，2回目，3回目を入力
オ．1回目＋2回目＋3回目→合計
カ．合計÷3→平均

(1)		(2)		(3)		(4)		(5)		(6)	

2 繰り返し処理

1 条件判定による分岐処理

【例1】 金額が10,000円以上のとき，商品名と
金額を表示する。

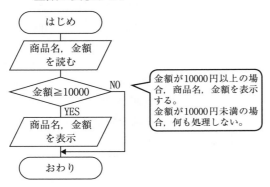

金額が10000円以上の場合，商品名，金額を表示する。
金額が10000円未満の場合，何も処理しない。

【例2】 性別コードが1のとき「男」，そうでない
ときは「女」の文字をMに代入する。

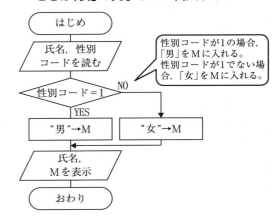

性別コードが1の場合，「男」をMに入れる。
性別コードが1でない場合，「女」をMに入れる。

2 条件判定による繰り返し処理／件数カウント

【例3】 【例1】をデータがある間，繰り返し処理
する。

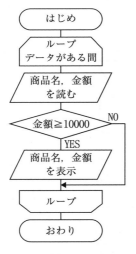

【例4】 【例2】をデータがある間，繰り返し処理し，
最後に「男」の人数を表示する。

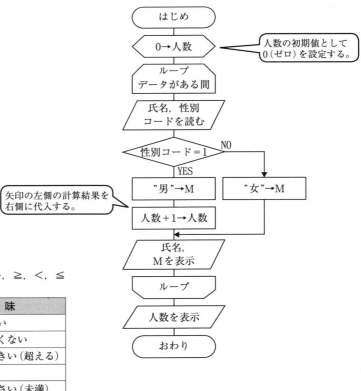

人数の初期値として0(ゼロ)を設定する。

矢印の左側の計算結果を右側に代入する。

▼ 比較演算子
判断記号の中に記述された ＝, ≠, ＞, ≧, ＜, ≦
を比較演算子という

比較演算子	使用例	意　味
＝	A＝B	AとBは等しい
≠	A≠B	AとBは等しくない
＞	A＞B	AはBより大きい(超える)
≧	A≧B	AはB以上
＜	A＜B	AはBより小さい(未満)
≦	A≦B	AはB以下

【例5】 1から10までの値の合計を表示する。

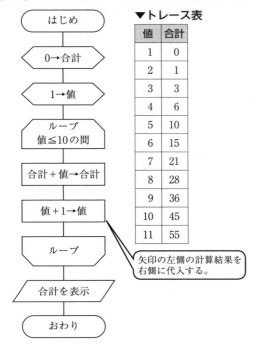

▼トレース表

値	合計
1	0
2	1
3	3
4	6
5	10
6	15
7	21
8	28
9	36
10	45
11	55

矢印の左側の計算結果を右側に代入する。

【例6】 【例5】の別解。

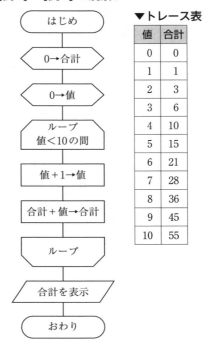

▼トレース表

値	合計
0	0
1	1
2	3
3	6
4	10
5	15
6	21
7	28
8	36
9	45
10	55

【例7】 【例5】の別解。

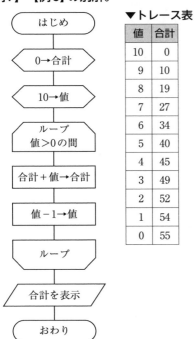

▼トレース表

値	合計
10	0
9	10
8	19
7	27
6	34
5	40
4	45
3	49
2	52
1	54
0	55

【例8】 1から10までの奇数の合計を表示する。

▼トレース表

値	合計
1	0
3	1
5	4
7	9
9	16
11	25

補足 **トレース**

流れ図やプログラムの流れにしたがって，記憶場所の値の変化をたどる作業。具体的な値を用いてトレースすることで，流れ図やプログラムのエラーを発見することができる。

売上に関する入力データを読み，売上額が目標以上のときは「＋」，そうでないときは「－」を表示し，最後に「＋」と「－」の評価数を実行結果のように表示する流れ図の(1)から(6)にあてはまる記述を解答群から選び，記号で答えなさい。

入力データ

目標	売上額
150000	155000
180000	167000
〜	〜

実行結果

（目標）	（売上額）	（評価）
150,000	155,000	＋
180,000	167,000	－
〜	〜	〜
（＋の評価数）		23
（－の評価数）		15

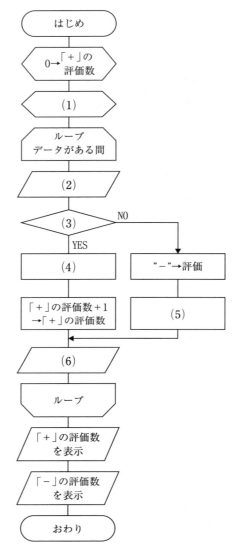

─ 解答群 ─
ア．売上額＞目標
イ．売上額≧目標
ウ．目標，売上額，評価を表示
エ．目標，売上額を読む
オ．0→「－」の評価数
カ．「－」の評価数＋1→「－」の評価数
キ．"＋"→評価

(1)		(2)		(3)		(4)		(5)		(6)	

実行結果のように，九九の表を表示する流れ図の⑴から⑸にあてはまる記述を解答群から選び，記号で答えなさい。

実行結果

1	2	3	4	5	6	7	8	9
2	4	6	8	10	12	14	16	18
3	6	9	12	15	18	21	24	27
4	8	12	16	20	24	28	32	36
5	10	15	20	25	30	35	40	45
6	12	18	24	30	36	42	48	54
7	14	21	28	35	42	49	56	63
8	16	24	32	40	48	56	64	72
9	18	27	36	45	54	63	72	81

解答群

ア．$0 \to B$

イ．$1 \to B$

ウ．$A + 1 \to A$

エ．$A + 2 \to A$

オ．$B + 1 \to B$

カ．$B + 2 \to B$

キ．$A + B \to C$

ク．$A \times B \to C$

ケ．$A < 9$ の間

コ．$A \leqq 9$ の間

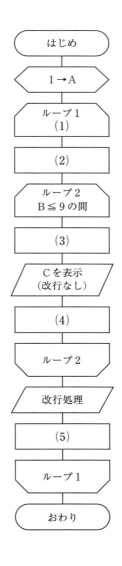

ヒント

トレースで値の変化を確認してみよう！

A	B	C
1	1	1
	2	2
	3	3
	4	4
	5	5
	6	6
	7	7
	8	8
	9	9
	10	
2	1	2
	2	4
	3	6
	4	8
	5	10
	6	12
	7	14
	8	16
	9	18
	10	
≀	≀	≀
9	1	9
	2	18
	3	27
	4	36
	5	45
	6	54
	7	63
	8	72
	9	81
	10	
10		

⑴		⑵		⑶		⑷		⑸	

Lesson 2 流れ図の基礎

1 データの集計・件数

【例】 売上に関するデータを読み，売上金額と合計・件数を表示する。

入力データ

番号	数量	単価
1	15	200
2	11	300
3	9	150
4	5	250

実行結果

（番号）	（数量）	（単価）	（金額）
1	15	200	3,000
2	11	300	3,300
3	9	150	1,350
4	5	250	1,250
		（合計）	8,900
		（件数）	4

処理条件

1. 入力データ1件ごとに数量と単価を乗算して金額を計算し，入力データが終了したら，合計と件数をディスプレイに表示する。

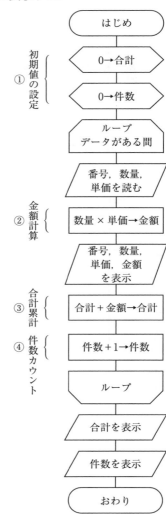

▶ **Point**
①合計と件数を初期化（初期値として0を設定）する。
②数量と単価を乗算して金額を求める。
③合計に金額を累計する。
④件数をカウントする。

トレース

項目名	番号	数量	単価	金額	合計	件数
初期値					0	0
1件目	1	15	200	3000	3000	1
2件目	2	11	300	3300	6300	2
3件目	3	9	150	1350	7650	3
4件目	4	5	250	1250	8900	4

第1図のようなある映画館の1か月の入場者データを読み，処理条件にしたがって第2図のように表示したい。流れ図の(1)から(5)にあてはまる記述を解答群から選び，記号で答えなさい。

入力データ

日	男性数	女性数
××	××××	××××

(第1図)

実行結果

（日）	（男性数）	（女性数）	（計）
××	×，×××	×，×××	×，×××
〳	〳	〳	〳
××	×，×××	×，×××	×，×××
（合計）	××，×××	××，×××	××，×××

(注) ×印は数値を表す。　　　　　　　　　(第2図)

処理条件
1．男性数と女性数の計を求める。
2．入力データが終了したら，男性数，女性数，計について，それぞれの合計をディスプレイに表示する。
3．データにエラーはないものとする。

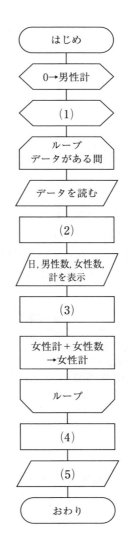

───解答群───
ア．男性数＋女性数→計
イ．男性計，女性計，合計を表示
ウ．0→女性計
エ．0→男性数
オ．合計＋計→合計
カ．男性計＋男性数→男性計
キ．男性計＋女性計→合計

(1)		(2)		(3)		(4)		(5)	

2 最大値・最小値

【例】 走り幅跳びの記録に関するデータを読み，最高記録（最大値）と最低記録（最小値）を表示する。

入力データ

番号	記録（cm）
1	425
2	374
3	511
4	683
5	523

実行結果

（最高記録）	683
（最低記録）	374

処理条件

1．入力データが終了したら，最高記録，最低記録をディスプレイに表示する。
2．最大値および最小値となるデータが複数あった場合，先のデータを優先する。

▶ **Point**

①1件目のデータが必ず最大または最小に記憶されるように，初期値として最大には最も小さい値（0）を，最小には最も大きい値（999）を設定する。
②最大に記憶されている値（記録）より大きな値が読み込まれたら，新しい値を最大に記憶させる。データを読み終わったときに最大に残っている値が最大値となる。
③最小値についても上記②と同様。

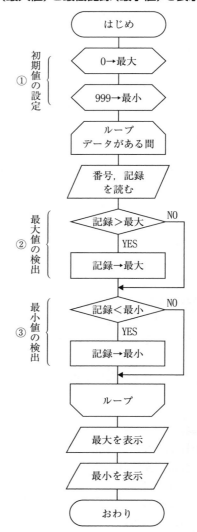

トレース

項目名	番号	記録	最大	最小
初期値			最小の値を設定 0	最大の値を設定 999
1件目	1	425	記録＞最大（YES） 425	記録＜最小（YES） 425
2件目	2	374	記録＞最大（NO） 425	記録＜最小（YES） 374
3件目	3	511	記録＞最大（YES） 511	記録＜最小（NO） 374
4件目	4	683	記録＞最大（YES） 683	記録＜最小（NO） 374
5件目	5	523	記録＞最大（NO） 683	記録＜最小（NO） 374

※ ▨ の数値は，値が入れ替わっている。

　第1図のようなワープロ競技会の字数記録データを読み，処理条件にしたがって第2図のように表示したい。流れ図の(1)から(5)にあてはまる記述を解答群から選び，記号で答えなさい。

入力データ

選手番号	字数
×××	××××

（第1図）

実行結果

（選手番号）	（字数）
×××	×，×××
〜	〜
×××	×，×××
（平均）	×，×××
（最高）	×，×××
（最低）	×，×××

（注）×印は数値を表す。　　（第2図）

処理条件

1．入力データが終了したら，字数の平均，最
　　高字数，最低字数をディスプレイに表示する。
2．最高字数および最低字数となるデータが複
　　数あった場合，後のデータを優先する。
3．データにエラーはないものとする。

───解答群───
ア．9999→最高，0→最低
イ．0→最高，9999→最低
ウ．件数＋1→件数
エ．合計＋1→合計
オ．合計÷件数→平均
カ．字数≧最高
キ．字数＞最高
ク．字数≦最低
ケ．字数＜最低

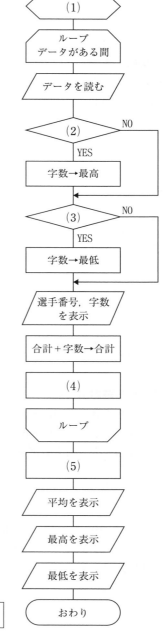

(1)		(2)		(3)		(4)		(5)	

3 多分岐

【例】 検定の点数を入力し，番号，点数，結果を表示する。

入力データ

番号	点数
1	83
2	62
3	58
4	71
5	100

実行結果

（番号）	（点数）	（結果）
1	83	合
2	62	否
3	58	否
4	71	合
5	100	満点

処理条件

1．点数は0～100である。

2．結果は，入力された点数が100点の場合は「満点」，69点以下の場合は「否」を表示し，それ以外の場合は「合」を表示する。

▶**Point**

①判断記号にある変数の値によって，二つ以上の処理に分岐する。

②分岐は左側にあるものから順に調べ，該当する処理を行う。

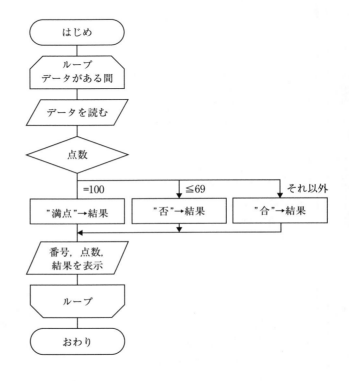

その他の多分岐の例

①a＞bのとき　a－b → p

　a＜bのとき　b－a → p

　a＝bのとき　何も処理をしない

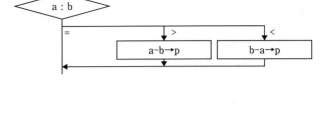

②10代（10～19）のとき　1 → k

　20代（20～29）のとき　2 → k

　それ以外のとき　　　　0 → k

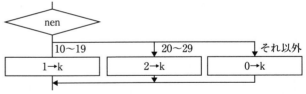

練習 6

第1図のような草野球の試合結果データを読み，処理条件にしたがって第2図のように表示したい。流れ図の(1)から(4)にあてはまる記述を解答群から選び，記号で答えなさい。

入力データ

日付	得点	失点
××××	××	××

（第1図）

実行結果

```
（日付）（得点）（失点）（結果）
  301      9      7     勝ち
  308      5      8     負け
   ≀       ≀      ≀      ≀
 1221      7      7     引分

（勝ち数） 22
（負け数） 18
（勝率）   0.550
```

（第2図）

処理条件

1．データを読むごとに，日付，得点，失点，結果を表示する。結果は，得点が失点より多い場合は「勝ち」を，得点が失点より少ない場合は「負け」を，得点と失点が同じ場合は「引分」を表示する。
2．入力データが終了したら，勝ち数，負け数，勝率を表示する。なお，勝率は以下の計算式で求め，小数第4位を切り捨て，小数第3位まで表示する。
   勝率＝勝ち数÷（勝ち数＋負け数）
3．データにエラーはないものとする。

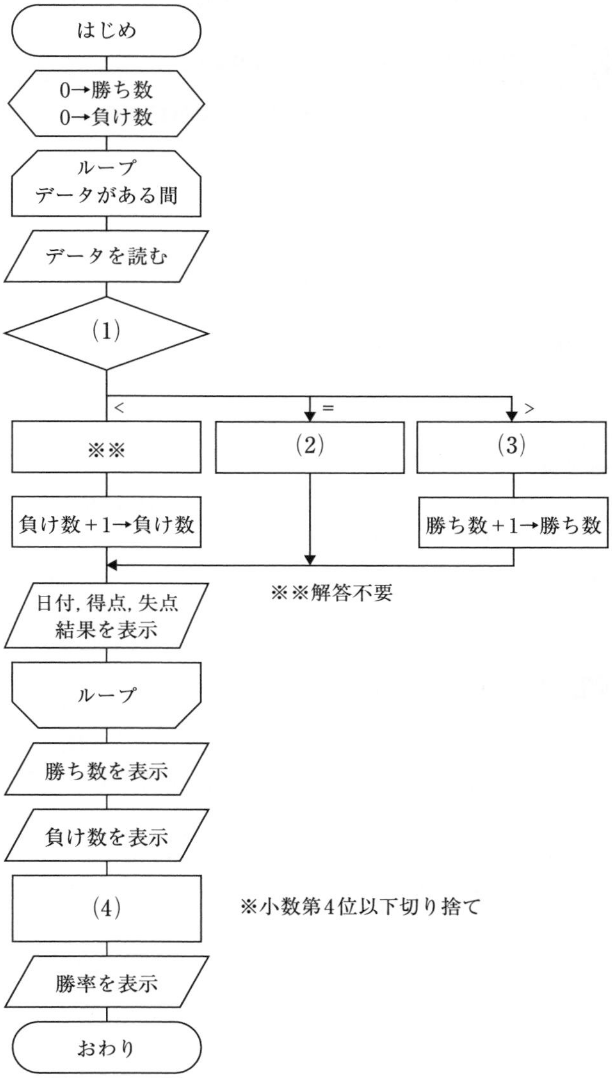

解答群

ア． ”勝ち” → 結果
イ． ”引分” → 結果
ウ． ”負け” → 結果
エ． 勝ち数 ÷（勝ち数 ＋ 負け数）→ 勝率
オ． 勝ち数 ÷ 勝ち数 ＋ 負け数 → 勝率
カ． 失点：得点
キ． 得点：失点

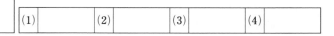

(1)		(2)		(3)		(4)	

4 配列と線形探索

1 配列の定義

同じ属性のデータを多数扱う場合，連続した記憶領域を設定し共通の名前をつけて定義することにより，簡潔でわかりやすいプログラムを作成することができる。このような連続した記憶領域を配列という。

2 配列へのデータの格納

【例】 次のデータを読み，構成比を実行結果のように表示する。

入力データ

数値
70
40
80
100
60

実行結果

（数値）	（構成比）
70	20.0（%）
40	11.4（%）
80	22.9（%）
100	28.6（%）
60	17.1（%）

処理条件

1．入力データ1件ごとに，数値を配列Kに格納し，同時に 合計 に累計する。
2．入力データが終了したら，それぞれの構成比を計算して，数値と構成比をディスプレイに表示する。

トレース

aが

	0	→1	→2	→3	→4
	K(0)	K(1)	K(2)	K(3)	K(4)
K	0	0	0	0	0
	↓	↓	↓	↓	↓
K	70	40	80	100	60

合計
0
70
110
190
290
350

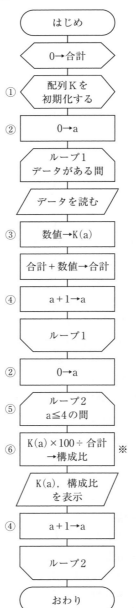

▶**Point**

①配列K(0)〜K(4)を初期化（0を入れる）する。
②添字aの初期値を0に設定する。
③配列Kに数値を格納する。
④添字aを1増加する。
⑤配列Kの5つの要素をディスプレイに表示するため，添字が4以下の間は繰り返す。
⑥配列Kの各要素の構成比を計算する。

※小数第2位以下を切り捨て

【例】 売上に関する入力データを読み，配列に記憶されている単価を参照して，実行結果のような売上金額一覧表を表示する。

入力データ

商品コード	数量
A03	5
B01	3
A01	7

実行結果

（商品コード）	（金額）
A03	750
B01	330
A01	700

処理条件

1．配列Scd，Tankaにデータが記憶されている。なお，配列ScdとTankaは添字で対応している。

配列

Scd

	(0)	(1)	(2)	(3)	(4)	
	A01	A02	A03	B01	B02	(商品コード)

Tanka

	(0)	(1)	(2)	(3)	(4)	
	100	120	150	110	140	(単価)

2．入力データ1件ごとに，商品コードをもとに配列Scdを探索し，金額を計算してディスプレイに表示する。

3．金額は次の計算で求める。

　　金額＝数量×単価

4．データにエラーはないものとする。

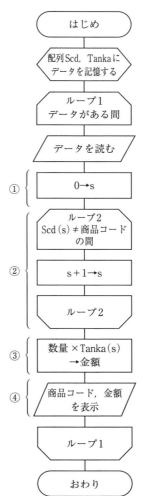

▶**Point**

①添字sの初期値を0（ゼロ）に設定する。

②ループは，特定のデータが見つからない間はsを1増やして条件判定を繰り返す。

③s番目の単価を参照して金額の計算を行う。

④商品コードと金額をディスプレイに表示する。

第1図のような，売上に関する入力データを読み，処理条件にしたがって第2図のように表示したい。流れ図の(1)から(5)にあてはまる記述を解答群から選び，記号で答えなさい。

入力データ

商品コード	数量
×××	×××

(第1図)

実行結果

```
(商品コード)   (数量)   (単価)      (金額)
  ×××      ×××    ×××    ×××，×××
   〜        〜      〜        〜
  ×××      ×××    ×××    ×××，×××
                  (合計)  ×，×××，×××
```

(注) ×印は数値を表す。 　　　　　　　　(第2図)

処理条件

1．商品は50種類で，商品コードと単価は，それぞれ配列Scdと配列Tnkにあらかじめ記憶されている。なお，ScdとTnkはそれぞれ添字で対応している。

配列

Scd 　(0)　(1)　〜　(49)　(商品コード)

Tnk 　(0)　(1)　〜　(49)　(単価)

2．第1図の入力データを読み，商品コードをもとに配列Scdを探索して，次の計算式で金額を求める。

　　金額＝数量×単価

3．入力データが終了したら，金額の合計をディスプレイに表示する。

4．データにエラーはないものとする。

解答群

ア．0→s

イ．1→s

ウ．Scd(s)＝商品コード

エ．Scd(s)≠商品コード

オ．合計＋数量→合計

カ．合計＋金額→合計

キ．合計を表示

ク．金額を表示

ケ．数量×Scd(s)→金額

コ．数量×Tnk(s)→金額

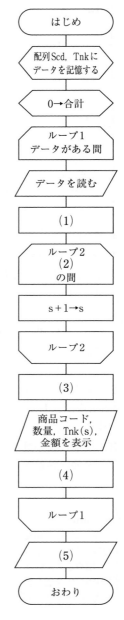

はじめ

配列Scd，Tnkにデータを記憶する

0→合計

ループ1
データがある間

データを読む

(1)

ループ2
(2)
の間

s＋1→s

ループ2

(3)

商品コード，数量，Tnk(s)，金額を表示

(4)

ループ1

(5)

おわり

(1)		(2)		(3)		(4)		(5)	

　第1図のような，ある会社の1か月の取引に関する入力データを読み，処理条件にしたがって第2図のように表示したい。流れ図の(1)から(5)にあてはまる記述を解答群から選び，記号で答えなさい。

入力データ

取引番号	売上代金 (万円)
×××	××××

（第1図）

実行結果

(取引番号)	(売上代金)	(印紙税額)
×××	×,×××	××,×××
〜	〜	〜
×××	×,×××	××,×××
	(合計)	×××,×××

(注) ×印は数値を表す。　　　　　（第2図）

処理条件

1．売上代金は，5万円以上1億円未満の金額であり，単位が万円となっている。

2．印紙税額は，売上代金をもとに配列Kinを探索し，配列Zeiに記憶されている値を使用する。なお，配列Kinには金額範囲の上限（単位：万円）が，配列Zeiには金額に対応する印紙税額（単位：円）があらかじめ記憶されており，KinとZeiは添字で対応している。

配列

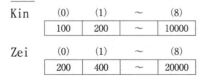

Kin

(0)	(1)	〜	(8)
100	200	〜	10000

Zei

(0)	(1)	〜	(8)
200	400	〜	20000

3．入力データが終了したら，印紙税額の合計をディスプレイに表示する。

4．データにエラーはないものとする。

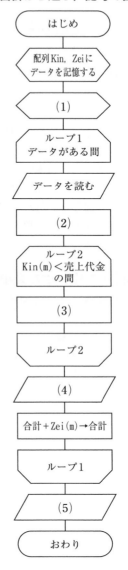

解答群

ア．0→m　　　　イ．1→m　　　　ウ．0→合計

エ．合計を表示　　オ．取引番号，売上代金，Kin(m)を表示

カ．m+1→m　　　キ．取引番号，売上代金，Zei(m)を表示

(1)		(2)		(3)		(4)		(5)	

Lesson ❸ 流れ図の応用

1 検定問題の解き方

1 出題形式と問題の解き方

①問題文………… 流れ図の空欄にあてはまる答えを解答群から選び，記号で答える形式である。処理内容，入力データ，実行結果，処理条件，流れ図，解答群で構成されている。

②処理内容……… 問題のおおまかな流れが記述されている。

③入力データ…… 入力されるデータの項目名・変数名・けた数が記述されている。

④実行結果……… ディスプレイを用いて表示したい内容が記述されている。

⑤処理条件……… 入力データを処理して実行結果を表示するための処理条件が記述されている。入力データと実行結果の違いをよく見ながら，処理条件を理解することがポイントとなる。

⑥変数名………… 「Lesson2　流れ図の基礎」までは，分かりやすくするために，変数名は日本語を中心に表記した。「Lesson3　流れ図の応用」以降は，変数名を英数字で表現する。実際の検定試験では，変数名は頭文字が英大文字，それ以降は英小文字または数字の場合が多い。

変数名の使用例　　単価→Tanka　　商品コード→Sco　　合計2→Gk2

2 基準値を変化させた大小判定

【例】　ゲームのクリア時間（秒）を記録したデータを読み，クリアの速さにより5段階のランクを表示する。

入力データ

氏　名 (Simei)	時間（秒） (Jikan)
シライ　タツマサ	812
コハラ　サキ	630
〜	〜

実行結果

（氏名）	（時間）	（ランク）
シライ　タツマサ	812	5
コハラ　サキ	630	2
〜	〜	〜

処理条件

1．ランクの時間は下記の通りとする。

時間	ランク
600未満	1
600〜659	2
660〜719	3
720〜779	4
780〜839	5

2．データにエラーはないものとする。また，840秒（14分）以上のデータはないものとする。

▶Point
基準に初期値599を入れて，60ずつ増やしながら大小判定を繰り返す。

　流れ図の説明を読んで，流れ図の(1)から(5)にあてはまる答えを解答群から選び，記号で答えなさい。

〈流れ図の説明〉

処理内容

　宅配便の重量データを読み，料金と料金の合計をディスプレイに表示する。

入力データ

番号 (Bang) ×××	重量 (Jyur) ××××

（第1図）

実行結果

(番号)	(重量)	(料金)
×××	××××	×××
〈	〈	〈
×××	××××	×××
	(合計)	×，×××

(注) ×印は数値を表す。　　（第2図）

処理条件

1．宅配便の料金は次のとおりである。

重量	料金
〜　　250g	¥200
251g 〜　500g	¥230
501g 〜　750g	¥260
751g 〜 1,000g	¥290
1,001g 〜 1,250g	¥320
1,251g 〜 1,500g	¥350

2．入力データが終了したら，料金の合計を第2図のように表示する。

3．データにエラーはないものとする。また，重量 (g) が1,500gを超えるデータはないものとする。

―解答群―

ア．Gkei + r → Gkei

イ．Gkei + k → Gkei

ウ．0 → Gkei

エ．k < Jyur の間

オ．k ≦ Jyur の間

カ．200 → r

キ．250 → r

ク．r + 30 → r

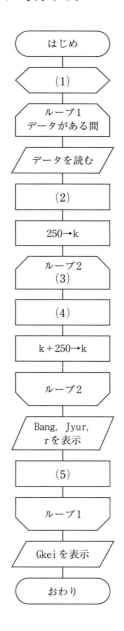

(1)		(2)		(3)		(4)		(5)	

1 複数の条件をもつデータの集計・件数

【例】 第1図のようなIT試験の成績データを読み，処理条件にしたがって第2図のように表示する。

入力データ

受験番号 (Ban) ×××	筆記 (Hik) ×××	実技 (Jit) ×××

(第1図)

実行結果

(受験番号)	(筆記)	(実技)	(判定)
×××	×××	×××	合格
〜	〜	〜	〜
×××	×××	×××	
(平均)	×××	×××	
(合格人数)	×××		

(注) ×印は数値を表す。　　　　(第2図)

処理条件

1. 入力データ1件ごとに，受験番号，筆記の点数，実技の点数，判定をディスプレイに表示する。判定は,筆記と実技の点数がともに80点以上の場合は「合格」を表示し，そうでない場合は空白とする。
2. 入力データが終了したら，筆記，実技の平均と合格人数をディスプレイに表示する。
3. データにエラーはないものとする。

▶Point

① 受験人数Jnin，筆記合計Hkei，実技合計Jkei，合格人数Gninに初期値として0を設定する。
② 筆記Hikと実技Jitがともに80点以上の場合とそうでない場合の処理である。
③ 筆記合計Hkei，実技合計Jkei，受験人数Jninをそれぞれ計算する。
④ 筆記平均Hhei，実技平均Jheiを計算し，表示する。
⑤ 合格人数Gninを表示する。

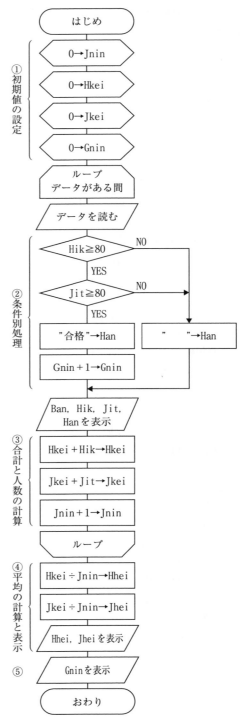

流れ図の説明を読んで，流れ図の(1)から(5)にあてはまる答えを解答群から選び，記号で答えなさい。

〈流れ図の説明〉

処理内容

　ある場所の気温データを読み，真夏日と夏日の日数を数え，気温一覧表をディスプレイに表示する。

入力データ

月 (Tu) ××	日 (Hi) ××	最高気温 (Kion) ××

（第1図）

処理条件

1．1日の最高気温が30℃以上の場合は真夏日，25℃以上30℃未満の場合は夏日とする。

2．真夏日，夏日の件数を集計し，月，日，最高気温，備考をディスプレイに表示する。備考は，真夏日の場合は「＊＊」を，夏日の場合は「＊」を表示し，それ以外は空白とする。

3．入力データが終了したら，真夏日，夏日の日数を第2図のように表示する。

4．データにエラーはないものとする。また，最高気温が0℃未満のデータはないものとする。

実行結果

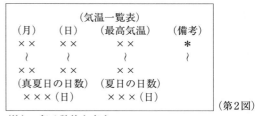

```
            （気温一覧表）
（月）  （日）  （最高気温）  （備考）
 ××    ××      ××          ＊
  ⟨      ⟨        ⟨           ⟨
 ××    ××      ××
（真夏日の日数）（夏日の日数）
 ×××（日）     ×××（日）
```

（第2図）

（注）×印は数値を表す。

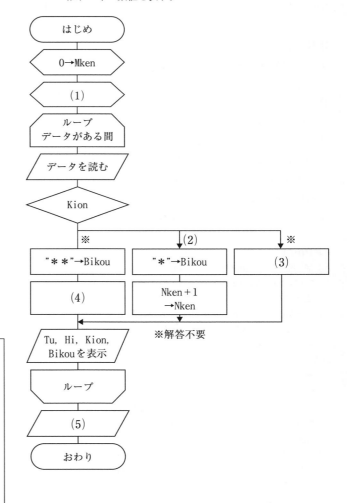

```
        ┌─────────┐
        │  はじめ  │
        └─────────┘
        ╱ 0→Mken ╲
        ╲─────────╱
        ╱  (1)    ╲
        ╲─────────╱
        ┌─────────┐
        │ ループ   │
        │データがある間│
        └─────────┘
        ╱データを読む╱
        ◇ Kion ◇
   ※        (2)↓        ※
┌────────┐┌────────┐┌────────┐
│"＊＊"→Bikou││ "＊"→Bikou ││  (3)   │
└────────┘└────────┘└────────┘
┌────────┐┌────────┐
│  (4)   ││ Nken+1 │
│        ││ →Nken  │
└────────┘└────────┘
                  ※解答不要
        ╱Tu, Hi, Kion,╱
        ╱Bikouを表示 ╱
        │  ループ  │
        ╱  (5)    ╱
        ┌─────────┐
        │  おわり  │
        └─────────┘
```

─解答群─

ア．25〜29　　　　イ．25〜30

ウ．" "→Bikou

エ．Mken，Nkenを表示

オ．1→Nken　　　カ．0→Nken

キ．Kion+1→Kion

ク．Mken+1→Mken

ケ．Nken，Hiを表示

コ．"＊＊＊"→Bikou

(1)		(2)		(3)		(4)		(5)	

3 最大値・最小値

【例】 第1図のような株価のデータを読み，処理条件にしたがって第2図のように表示する。

入力データ

会社名 (Mei)	前日終値 (Zen)	本日終値 (Hon)
××～××	××××	××××

（第1図）

実行結果

（会社名）	（前日終値）	（本日終値）	（値上がり額）
××～××	×，×××	×，×××	×，×××
〜	〜	〜	〜
××～××	×，×××	×，×××	×，×××
（最高値上がり会社名）		××～××	
（最高値上がり額）		×，×××	

（注）×印は数値および文字を表す。　（第2図）

処理条件

1．本日終値が前日終値を超えているデータの
　みをディスプレイに表示する。
2．値上がり額は次の計算式により求める。
　　値上がり額＝本日終値−前日終値
3．入力データが終了したら，最高値上がり額
　の会社名とその値上がり額を第2図のように
　表示する。ただし，最高値上がり額が複数あ
　る場合は，先のデータを優先する。
4．データにエラーはないものとする。

▶Point

①最大値Maxの初期値として0を設定する。こ
　れにより1件目のデータが必ず最大値に入る
　ことになる。
②前日終値Zenと本日終値Honの大小比較であ
　る。本日終値が前日終値以下の場合，次のデ
　ータ入力に移る。
③最大値に関する処理である。値上がり額Age
　が最大値Maxより大きいとき（この問題の場
　合は，先に読んだデータを最大値とするとい
　う条件があるため），値上がり額を最大値に
　更新する。また，最大値の会社名の保存場所
　Hozに会社名Meiを更新する。
※後に読んだデータを最大値とするという条件
　の場合は，値上がり額が最大値と等しい時も
　最大値と会社名を更新することになるので，
　注意が必要である。

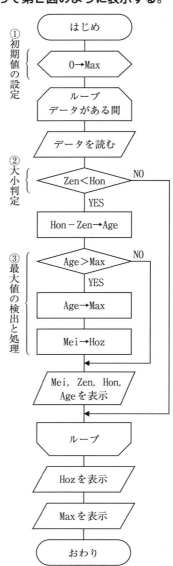

流れ図の説明を読んで，流れ図の(1)から(5)にあてはまる答えを解答群から選び，記号で答えなさい。

〈流れ図の説明〉

処理内容

　ガソリンスタンドの1か月間の売上データを読み，販売金額を計算し，単価，販売量の最高と最低をディスプレイに表示する。

入力データ

売上日 (Hi) ××	単価 (Tan) ×××	販売量 (Ryo) ×××

（第1図）

実行結果

（販売金額）	（単価）	（販売量）
×××，×××，×××	×××	×××
?	?	?
×××，×××，×××	×××	×××
（最高）	×××	×××
（最低）	×××	×××

（注）×印は数値を表す。　　　　（第2図）

処理条件

1．1日の売上データが1件のデータとなっており，データを1件読むたびに販売金額を求めて第2図のように表示する。

2．入力データの単価は1リットルあたりの金額であり，販売量の単位はキロリットルである。なお，販売金額は次の計算式で求める。

　　販売金額＝単価×販売量×1000

3．入力データが終了したら，単価，販売量の最高と最低を第2図のように表示する。

4．最高と最低のデータが複数ある場合，後のデータを優先する。

5．データにエラーはないものとする。

――解答群――

ア．999→Tanh　　イ．0→Tanh

ウ．Ryo＜Ryoh　　エ．Ryo≦Ryoh

オ．Tan＞Tanl　　カ．Tan≧Tanl

キ．Tan→Tanl　　ク．Ryo→Tanl

ケ．Tan×Ryo→Kin

コ．Tan×Ryo×1000→Kin

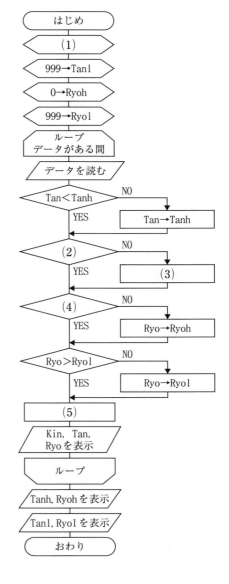

(1)		(2)		(3)		(4)		(5)	

流れ図の説明を読んで，流れ図の(1)から(5)にあてはまる答えを解答群から選び，記号で答えなさい。

〈流れ図の説明〉

処理内容

　ケーキ店の1か月間の販売データを読み，ケーキ名を探索する。最後に，売れ筋ケーキ名をディスプレイに表示する。

入力データ

日付 (Hi) ××	ケーキ番号 (Cb) ××	販売数 (Su) ××

(第1図)

実行結果

(番号)	(ケーキ名)	(販売数)	(金額)
1	モンブラン	180	50,400
〜	〜	〜	〜
20	ティラミス	265	79,500
(売れ筋ケーキ)	イチゴショート		

(第2図)

処理条件

1．ケーキは全部で20種類あり，1〜20のケーキ番号が付けられている。

2．第1図の入力データを読み，販売数を配列Tsに集計する。また，配列Tn，Ttにはそれぞれケーキ名と単価が記憶されており，各配列は添字で対応している。

配列

Ts

(0)	(1)	〜	(19)
0	0	〜	0

(販売数)

Tn

(0)	(1)	〜	(19)
モンブラン	レアチーズ	〜	ティラミス

(ケーキ名)

Tt

(0)	(1)	〜	(19)
280	250	〜	300

(単価)

3．入力データが終了したら，ケーキ番号順に1か月の販売数と金額をディスプレイに表示し，最後に最も販売数の多かった売れ筋ケーキの名前をディスプレイに表示する。ただし，最多販売数のデータは複数ないものとする。

4．データにエラーはないものとする。

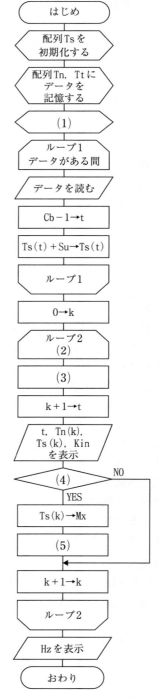

―解答群―

ア．k < 21 の間　　イ．k < 20 の間　　ウ．20 → Mx

エ．0 → Mx　　　　オ．Ts(k) < Mx　　カ．Ts(k) > Mx

キ．Ts(k) → Hz　　ク．Tn(k) → Hz

ケ．Ts(k) × Tt(k) → Kin

コ．Ts(Cb) × Tt(Cb) → Kin

(1)		(2)		(3)		(4)		(5)	

4 線形探索

【例】 第1図のようなある販売会社の店舗別1日の売上データを読み，処理条件にしたがって第2図のように表示する。

入力データ

店舗コード （Cod） ×××	売上高 （Kin） ×××××××

（第1図）

実行結果

（店舗名）	（売上高）	（前日比）	（備考）
岡崎南店	5,835,491	89.2	×
〜	〜	〜	〜
豊橋港店	3,192,883	112.6	○
（売上高合計）	36,913,477	（割合）	37.8

（第2図）

処理条件

1. 配列 Tcoh，Tmeh，Ydkh にはそれぞれ店舗コード，店舗名，前日の売上高があらかじめ記憶されている。
   なお，各配列はそれぞれ添字で対応している。

   配列

   Tcoh

(0)	(1)	〜	(29)
101	102	〜	312

   Tmeh

(0)	(1)	〜	(29)
金沢駅店	下北沢店	〜	福岡西店

   Ydkh

(0)	(1)	〜	(29)
2930079	5594327	〜	3016825

2. 入力データを読み，次の処理を行う。
   - 店舗コードをもとに配列 Tcoh を探索する。
   - 前日比は，次の計算式で求める。

     前日比（%）＝売上高×100÷前日の売上高

   - 売上高が前日の売上高を超える場合は備考に「○」，そうでない場合は「×」をディスプレイに表示する。

3. 最後に，売上高合計と「○」の割合をディスプレイに表示する。なお，割合は次の計算式で求める。

   割合（%）＝「○」の件数×100÷データ件数

4. データにエラーはないものとする。

▶ **Point**

① 売上高合計 Gokei，データ件数 Gken，売上高が前日の売上高を超えた件数（備考「○」の件数）Mken の初期値として0を設定する。

② 入力された店舗コード Cod と配列 Tcoh の一致するものを線形探索する。添字は t を使用する。

③ 売上高が前日の売上高より多い場合は，備考に「○」を入れ，件数 Mken に1を加える。

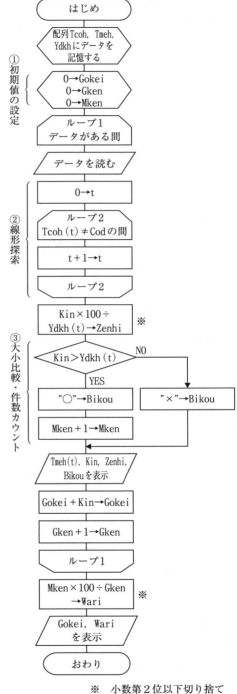

※ 小数第2位以下切り捨て

流れ図の説明を読んで，流れ図の(1)から(5)にあてはまる答えを解答群から選び，記号で答えなさい。

〈流れ図の説明〉

処理内容

　1年間の図書貸出データを読み，最も貸出回数の多かった図書名と貸出回数をディスプレイに表示する。

入力データ

月日 (Hi)	図書コード (Tco)	生徒番号 (Sco)
××××	×××	×××

(第1図)

実行結果

（図書名）	（貸出回数）
探偵ガリレイ	25
イカロスの銀翼	25

(第2図)

処理条件

1．配列Bkcに図書コード，配列Bknに図書名が記憶されている。なお，図書数は500種類であり，各配列は添字で対応している。

配列

Bkc

(0)	(1)	～	(499)
111	123	～	728

Bkn

(0)	(1)	～	(499)
○～○	×～×	～	△～△

2．入力データを読み，図書コードをもとに配列Bkcを探索し，添字で対応する配列Ksuに貸出回数を集計する。

配列

Ksu

(0)	(1)	～	(499)
		～	

3．入力データが終了したら，最も多かった貸出回数を求め，それと等しい貸出回数の図書名をすべて配列Bknより探索し，第2図のように貸出回数とともに表示する。

4．データにエラーはないものとする。

解答群

ア．$Ksu(t) \leqq Mmax$　　イ．$Ksu(t) \neq Mmax$

ウ．$999 \rightarrow Mmax$　　エ．$0 \rightarrow Mmax$

オ．$Bkc(t), Ksu(t)$ を表示

カ．$Bkn(t), Mmax$ を表示

キ．$Ksu(t) + 1 \rightarrow Ksu(t)$

ク．$Mmax + Ksu(t) \rightarrow Mmax$

ケ．$Bkn(t), Ksu(Mmax)$ を表示

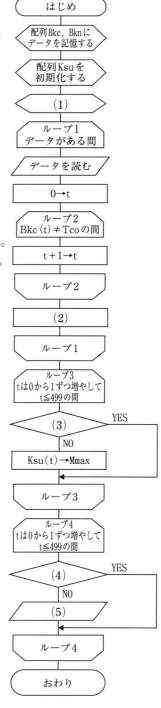

(1)		(2)		(3)		(4)		(5)	

流れ図の説明を読んで，流れ図の(1)から(5)にあてはまる答えを解答群から選び，記号で答えなさい。

〈流れ図の説明〉

処理内容

会員制ショッピングモール利用者の購入データを読み，1か月間の売上一覧表をディスプレイに表示する。

入力データ

購入日 (Hi) ××	会員番号 (Kb) ×××	店舗番号 (Tb) ×××	購入金額 (Kin) ××××××

（第1図）

処理条件

1. 会員数は100人で，会員番号は1～100である。
2. 店舗は全部で10店あり，店舗番号，店舗名はそれぞれ配列Hban，Hmeiに記憶されている。なお，各配列は添字で対応している。

配列

Hban	(0)	～	(9)
	101	～	610

Hmei	(0)	～	(9)
	P&S	～	Lai2

3. 第1図のデータを読み，配列Hkinに会員ごとの購入金額を，店舗番号をもとに配列Hbanを探索し，配列Tkinに店舗ごとの購入金額をそれぞれ集計する。

配列

Hkin	(0)	～	(99)
	0	～	0

Tkin	(0)	～	(9)
	0	～	0

4. 入力データが終了したら，購入金額が10万円以上の時は5％の割引をし，会員番号，購入金額，割引額，請求金額を第2図のように会員番号順に表示する。なお，購入金額が0の会員も表示する。ただし，割引額の円未満は切り捨てる。
5. 最後に，店舗番号，店舗名，割引前売上金額を第2図のように店舗番号順に表示する。
6. データにエラーはないものとする。

実行結果

（ショッピングモール売上一覧表）

（会員番号）	（購入金額）	（割引額）	（請求金額）
1	150,000	7,500	142,500
2	123,000	6,150	116,850
3	0	0	0
～	～	～	～
100	95,000	0	95,000

（店舗番号）	（店舗名）	（割引前売上金額）
101	P&S	1,245,300
122	Fashions. s	1,652,000
～	～	～
610	Lai2	980,500

（第2図）

解答群

ア．Hkin(t) × 0.05 → Wari　　イ．t + 1 → t

ウ．Hban(m)，Hmei(m)，Tkin(m) を表示

エ．Kb，Hmei(t)，Tkin(t) を表示　　オ．s + 1 → s

カ．Tkin(t) + Kin → Tkin(t)

キ．Tkin(s) + Kin → Tkin(s)

ク．e，Hkin(t)，Wari，Seik を表示

ケ．Tkin(t) × 0.05 → Wari

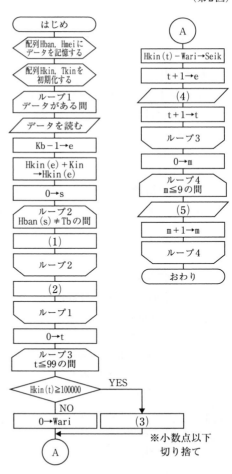

(1)		(2)		(3)		(4)		(5)	

1　流れ図の説明を読んで，流れ図の(1)〜(5)にあてはまる答えを解答群から選び，記号で答えなさい。

〈流れ図の説明〉

処理内容

　検定試験の得点データを読み，受験結果一覧表を
ディスプレイに表示する。

入力データ

受験番号 (Ban)	得点 (Tok)
××××	×××

（第1図）

実行結果

（受験結果一覧表）

（受験番号）	（得点）	（合否）
1001	60	不
〜	〜	〜
1209	75	合
（合格者数）		8
（合格者の平均点）		83.2

（第2図）

処理条件

1．第1図の入力データを読み，得点が70点以上
　の場合は合格とし「合」の文字を，そうでない場
　合は不合格とし「不」の文字を第2図のように表
　示する。

2．入力データが終了したら，合格者の平均点を求
　め，合格者数と合格者の平均点を表示する。

3．データにエラーはないものとする。

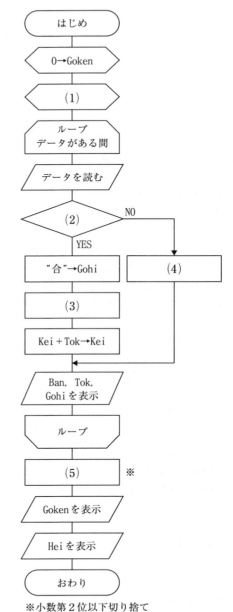

※小数第2位以下切り捨て

──解答群──

ア．Goken + Tok→Goken

イ．0→Kei

ウ．"不"→Gohi

エ．Goken ÷ Kei→Hei

オ．Goken + 1→Goken

カ．"　"→Gohi

キ．Kei ÷ Goken→Hei

ク．Tok ≧ 70

ケ．0→Hei

コ．Tok > 70

(1)		(2)		(3)		(4)		(5)	

2 流れ図の説明を読んで，流れ図の(1)～(5)にあてはまる答えを解答群から選び，記号で答えなさい。

〈流れ図の説明〉

処理内容

　列車の時刻表データを読み，所要時間一覧をディスプレイに表示する。

入力データ

列車番号 (Rno) ××××	出発時刻 (Dtime) ××××	到着時刻 (Atime) ××××

（第1図）

実行結果

```
（所要時間一覧）
（列車番号）　（時）　（分）
　1309　　　1　　　58
　　〳　　　　〳　　　〳
　8102　　　2　　　32

（最速の列車番号）　9503
```
（第2図）

処理条件

1．第1図の入力データを読み，出発時刻と到着時刻から所要時間を求め，第2図のように表示する。なお，列車は2日間に渡って動くことはない。

2．入力データの時間は最初の2ケタが時を，後ろの2ケタが分を表している。たとえば，1420は14時20分を表している。

3．入力データが終了したら，所要時間の最も短い列車番号を表示する。なお，複数ある場合は，先のデータを優先する。

4．データにエラーはないものとする。

解答群

ア．Sfun ＞ Saitan

イ．Afun − Dfun → Sfun

ウ．Stime ÷ 60 → Sji

エ．Rno → Tanno

オ．Sfun ＜ Saitan

カ．Atime − Dtime → Sfun

キ．Sfun ÷ 60 → Sji

ク．9999 → Saitan

ケ．Dfun − Afun → Sfun

コ．0 → Saitan

(1)		(2)		(3)		(4)		(5)	

〈流れ図〉

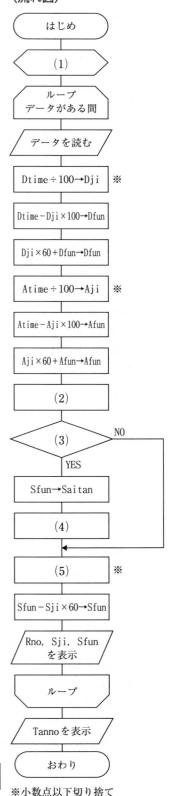

※小数点以下切り捨て

3 流れ図の説明を読んで，流れ図の(1)～(5)にあてはまる答えを解答群から選び，記号で答えなさい。

〈流れ図の説明〉

処理内容

　期間のデータを読み，経過日数をディスプレイに表示する。

入力データ

開始日 (Kaisi) ××××	終了日 (Syuryo) ××××

（第1図）

実行結果

（開始日）	（終了日）	（経過日数）
0115	0303	47

（第2図）

処理条件

1．開始日から終了日までの日数を求める。ただし，平年，片落としとする。また，日数は1年間を超えないものとする。

2．入力される日付は上位2桁が月を，下位2桁が日をあらわす。たとえば，0115は1月15日を示す。

3．各月の末日はあらかじめ配列Matuに記憶しておく。なお，配列の添字と月は対応している。

配列

Matu

	(0)	(1)	～	(12)
		31	～	31

4．データにエラーはないものとする。

※平年…うるう年でない年。

　片落とし…開始日または終了日の片方を日数として数えない。

解答群

ア．Ktu→p

イ．p ≦ Stu

ウ．Syuryo − Shi × 100 → Stu

エ．0 → Niti

オ．Niti + Matu(p) → Niti

カ．sw = 1

キ．Ktu + 1 → p

ク．p < Stu

ケ．Niti + Matu(Ktu) → Niti

コ．Syuryo − Stu × 100 → Shi

〈流れ図〉

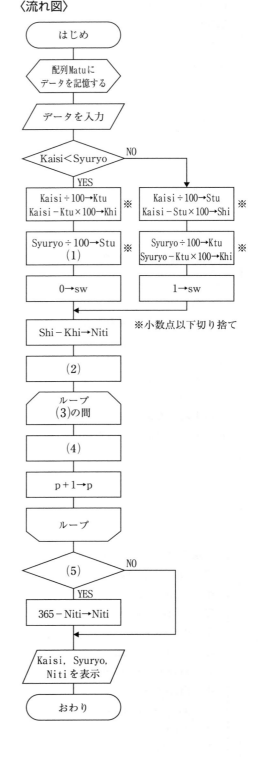

(1)		(2)		(3)		(4)		(5)	

4 流れ図の説明を読んで，流れ図の(1)〜(5)にあてはまる答えを解答群から選び，記号で答えなさい。

〈流れ図の説明〉

処理内容

コンビニエンスストアの売上データを読み，売上一覧表をディスプレイに表示する。

入力データ

商品コード (Scd)	数量 (Su)
××××	×××

（第1図）

実行結果

（売上一覧表）

（商品名）	（数量）	（金額）
お茶	5	600
おにぎり	9	1,260
〉	〉	〉
カップ麺	12	3,576
（平均）		731

（第2図）

処理条件

1．商品コード，商品名，単価はあらかじめ配列Tcd，Tmei，Ttanに記憶している。なお，各配列は添字で対応している。

配列

Tcd

(0)	〜	(99)
5249	〜	1092

Tmei

(0)	〜	(99)
ガム	〜	新聞

Ttan

(0)	〜	(99)
118	〜	160

2．第1図の入力データを読み，商品コードをもとに配列Tcdを探索し，数量と単価から金額を求めて第2図のように売上一覧表を表示する。

3．入力データが終了したら，金額の平均を次の計算式で求め表示する。

平均＝合計金額÷データの件数

4．データにエラーはないものとする。

解答群

ア．1→Sw

イ．0→Sw

ウ．Ttan(H) + Su→Ttan(H)

エ．Kensu + 1→Kensu

オ．0→H

カ．0→Heikin

キ．Tcd(H) = Scd

ク．Scd = H

ケ．Su × Ttan(H) →Kin

コ．H + 1→H

(1)		(2)		(3)		(4)		(5)	

〈流れ図〉

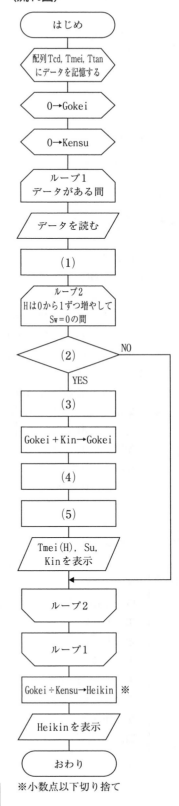

※小数点以下切り捨て

流れ図の説明を読んで，流れ図の(1)〜(5)にあてはまる答えを解答群から選び，記号で答えなさい。

〈流れ図の説明〉　　　　　　　　　　　　　　　　　　　　〈流れ図〉

処理内容

　生徒会選挙の投票データを読み，得票数一覧をディスプレイに表示する。

入力データ

立候補者名 (Mei)
××〜××

（第1図）

実行結果

（得票数一覧）		
（立候補者名）	（得票数）	（得票率）
東海　楠	111	23.6
〜	〜	〜
半田　サツキ	117	24.9
無効票	15	3.2

（第2図）

処理条件

1．第1図の入力データを読み，立候補者名をもとに配列Ameiにあらかじめ記憶されている立候補者名を探索し，得票数を計数する。

2．入力された立候補者名が配列Ameiに記憶されていない場合は無効票とする。また，入力データが空白である白票も無効票とする。なお，生徒会選挙には5名が立候補している。

3．入力データが終了したら，第2図のように得票数一覧を表示する。

4．立候補者名は配列Ameiに記憶されており，得票数は配列Atokuに集計する。なお，Atoku(0)は全体の集計用として，Atoku(6)は無効票の集計用として利用する。各配列は添字で対応している。

配列

Amei

(0)	(1)	〜	(5)	(6)
	東海　楠	〜	半田　サツキ	無効票

Atoku

(0)	(1)	〜	(5)	(6)
		〜		

解答群

ア．$i \leq 5$ かつ $Amei(i) \neq Mei$

イ．$k \leq 6$

ウ．$Atoku(6) + 1 \rightarrow Atoku(6)$

エ．$1 \rightarrow k$

オ．$1 \rightarrow i$

カ．$k < 6$

キ．$Amei(i) \neq Mei$

ク．$5 \rightarrow i$

ケ．$0 \rightarrow k$

コ．$Atoku(i) + 1 \rightarrow Atoku(i)$

(1)		(2)		(3)		(4)		(5)	

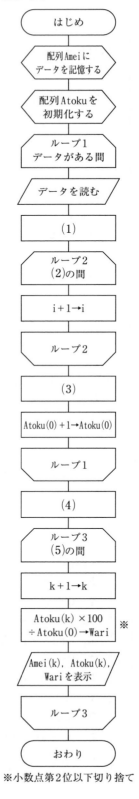

※小数点第2位以下切り捨て

6 流れ図の説明を読んで，流れ図の(1)〜(5)にあてはまる答えを解答群から選び，記号で答えなさい。

〈流れ図の説明〉

〈流れ図〉

処理内容

　スーパーマーケットの売上データを読み，支店別売上回数表と商品別売上表をディスプレイに表示する。

入力データ

コード (Kc)	金額 (Kin)
××××	××××××

（第1図）

実行結果

```
（支店別売上回数表）
（支店コード）      （回数）
      1            11
      〜           〜
     20            51

（商品別売上表）
（商品コード）      （金額）
      1          120,900
      〜           〜
     15           39,200
```

（第2図）

処理条件

1．第1図の入力データを読み，支店別，商品別に集計を行う。

2．入力データが終了したら，第2図のように支店別売上回数表と商品別売上表を表示する。

3．入力されるコードは最初の2ケタが支店コードを，後ろの2ケタが商品コードを示している。支店コードは1〜20，商品コードは1〜15が使用されている。また，入力データに誤りはないものとする。

4．支店別，商品別の集計には次の配列を利用する。なお，各コードと添字は対応している。

配列

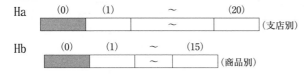

　　　　　(支店別)

　　　　　(商品別)

解答群

ア．Hb(B) + Kin→Hb(B)

イ．Kc − 1000→A

ウ．Ha(B) + Kin→Ha(B)

エ．Ha(W) + Hb(W)→Ha(W)

オ．W＜20

カ．B, Kin

キ．Kc ÷ 100→A

ク．R, Hb(R)

ケ．W + 1→W

コ．W≦20

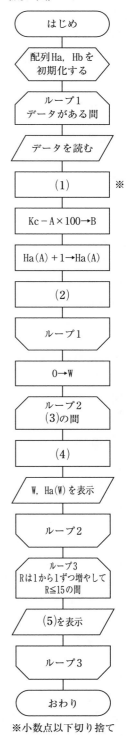

※小数点以下切り捨て

7 流れ図の説明を読んで，流れ図の(1)～(5)にあてはまる答えを解答群から選び，記号で答えなさい。

〈流れ図の説明〉

処理内容

　高速道路の利用データを読み，利用一覧をディスプレイに表示する。

入力データ

入口ICコード （Iic）	出口ICコード （Oic）
×	×

（第1図）

実行結果

（利用一覧）		
（入口）	（出口）	（料金）
3	6	800
～	～	～
9	1	1,000

（第2図）

処理条件

1．第1図の入力データを読み，入口から出口までの距離を求め，距離ごとに定められている料金を第2図のように表示する。

2．各ICの距離は配列Ticにあらかじめ記憶されている。記憶されている数値は，コード1のICを基準とした距離である。なお，配列の添字とICコードは対応している。ICコードは1～9までである。

配列

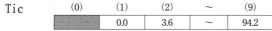

Tic

	(0)	(1)	(2)	～	(9)
		0.0	3.6	～	94.2

3．距離ごとの料金は，次の配列にあらかじめ記憶されている。なお，各配列は添字で対応している。

配列

Tkm

	(0)	(1)	(2)	(3)	
	9.9	24.9	59.9	99.9	（距離）
	（10km未満）	（10km以上 25km未満）	（25km以上 60km未満）	（60km以上）	

Tryo

	(0)	(1)	(2)	(3)	
	350	600	800	1000	（料金）

4．データにエラーはないものとする。

〈流れ図〉

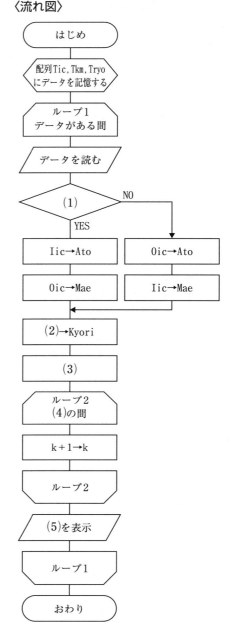

解答群

ア．Iic＞Oic　　　　イ．Mae, Ato, Tryo(k)

ウ．Tic(Oic) － Tic(Iic)　エ．Tic(Iic) ＜ Tic(Oic)

オ．Iic, Oic, Tryo(k)　カ．Kyori＞Tkm(k)

キ．Tic(Ato) － Tic(Mae)　ク．Kyori≦Tkm(k)

ケ．0→k　　　　　　コ．1→k

(1)		(2)		(3)		(4)		(5)	

8 流れ図の説明を読んで，流れ図の(1)〜(5)にあてはまる答えを解答群から選び，記号で答えなさい。

〈流れ図の説明〉

処理内容

合唱大会の得点データを読み，得点集計表をディスプレイに表示する。

入力データ

学年 (Nen)	組 (Kumi)	得点 (Ten)
×	×	× × ×

(第1図)

実行結果

```
(得点集計表)
(学年)   (組)    (得点)
  1      1      382
  1      2      299
  ⟨      ⟨       ⟨
  3      9      423

(最高得点)    489
```
(第2図)

処理条件

1．第1図の入力データを読み，学年，組別に得点の集計を行う。

2．入力データが終了したら，第2図のように得点集計表を表示する。また，最後に最高得点を表示する。なお，最高得点の組が複数存在する場合，先のデータを優先する。

3．学年別，組別の集計には配列Keiを利用する。なお，学年は1〜3年，組は各学年1〜9組である。配列Keiは(0)〜(39)まで用意する。

　配列Keiの(0)〜(10)，(20)，(30)は使用しない。1年1組は(11)に，3年4組は(34)に集計を行う。

配列

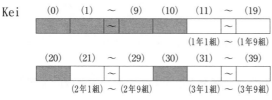

Kei

	(0)	(1)	〜	(9)	(10)	(11)	〜	(19)
			〜			(1年1組)	〜	(1年9組)

	(20)	(21)	〜	(29)	(30)	(31)	〜	(39)
		(2年1組)	〜	(2年9組)		(3年1組)	〜	(3年9組)

4．データにエラーはないものとする。

解答群

ア．n × 10 + k → s 　　イ．n, k, Kei(s)

ウ．0 → Max 　　エ．Nen, Kumi, Kei(s)

オ．Nen + Kumi → s 　　カ．Max < Kei(s)

キ．0 → n 　　ク．nは1から1ずつ増やしてn≦3の間

ケ．Max ≦ Kei(s) 　　コ．Nen × 10 + Kumi → s

(1)		(2)		(3)		(4)		(5)	

〈流れ図〉

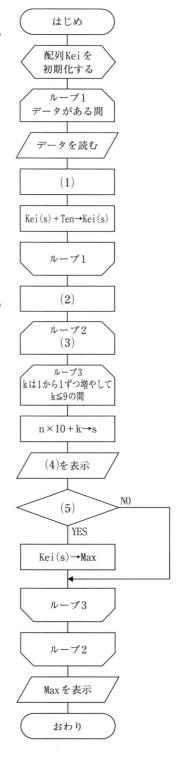

- はじめ
- 配列Keiを初期化する
- ループ1 データがある間
- データを読む
- (1)
- Kei(s) + Ten → Kei(s)
- ループ1
- (2)
- ループ2 (3)
- ループ3 kは1から1ずつ増やして k≦9の間
- n × 10 + k → s
- (4)を表示
- (5)　NO →
- YES
- Kei(s) → Max
- ループ3
- ループ2
- Maxを表示
- おわり

9 流れ図の説明を読んで，流れ図の(1)～(5)にあてはまる答えを解答群から選び，記号で答えなさい。

〈流れ図の説明〉

処理内容

　ある飲食店の1年間の販売データを読み，集計結果を表示する。

入力データ

日付 (Hiduke) ×××××	種別コード (SCod) ×	売上金額 (UKin) ×××××

(第1図)

実行結果

(月)	(イートイン)	(テイクアウト)	(デリバリー)	(合計)
1月	1,807,530	2,442,910	181,360	4,431,800
2月	1,547,280	2,381,850	170,280	4,099,410
3月	1,804,580	2,619,430	159,740	4,583,750
〜	〜	〜	〜	〜
12月	1,527,470	2,477,800	180,940	4,186,210
合計	20,181,240	30,319,960	2,118,640	52,619,840
(最大売上金額の月)		3月		4,583,750

(第2図)

処理条件

1．第1図の日付は0101（1月1日）～1231（12月31日），種別コードはE（イートイン），T（テイクアウト），D（デリバリー）の3種類である。

2．第1図の入力データを読み，次の処理を行う。
・日付から月を求め，月ごと，種別ごとの売上金額を集計する。配列EatKinにはイートイン客の売上金額を，TakKinにはテイクアウト客の売上金額を，DelKinにはデリバリー客の売上金額を集計する。なお，EatKin，TakKin，DelKinの添字は月と対応している。

配列　EatKin

(0)	(1)	(2)	(3)	〜	(12)
				〜	

TakKin

(0)	(1)	(2)	(3)	〜	(12)
				〜	

DelKin

(0)	(1)	(2)	(3)	〜	(12)
				〜	

(合計)

3．データを読み終えたあと，次の処理を行う。なお，データにエラーはないものとする。
・月ごとの売上合計金額を求める。
・月ごとに，イートイン客の売上金額，テイクアウト客の売上金額，デリバリー客の売上金額，売上合計金額を表示する。
・売上合計金額が最大の月を求め，月と売上合計金額を表示する。なお，売上合計金額が同じ月が複数あった場合は，前の月を優先して表示する。

解答群

ア．0から1ずつ　　　　　　カ．Hiduke － 100 → Tsuki

イ．1から1ずつ　　　　　　キ．Hiduke ÷ 100 → t

ウ．Goukei　　　　　　　　ク．Hiduke ÷ 100 → Tsuki

エ．Hiduke　　　　　　　　ケ．Max

オ．Hiduke － 100 → t　　　コ．MaxKin

サ．SCod　　　　　　　　　タ．t → MaxKin

シ．t　　　　　　　　　　　チ．Tsuki

ス．t < 12　　　　　　　　　ツ．Tsuki → Max

セ．t ≦ 12　　　　　　　　　テ．Tsuki → t

ソ．t → Max　　　　　　　　ト．UKin

〈流れ図〉

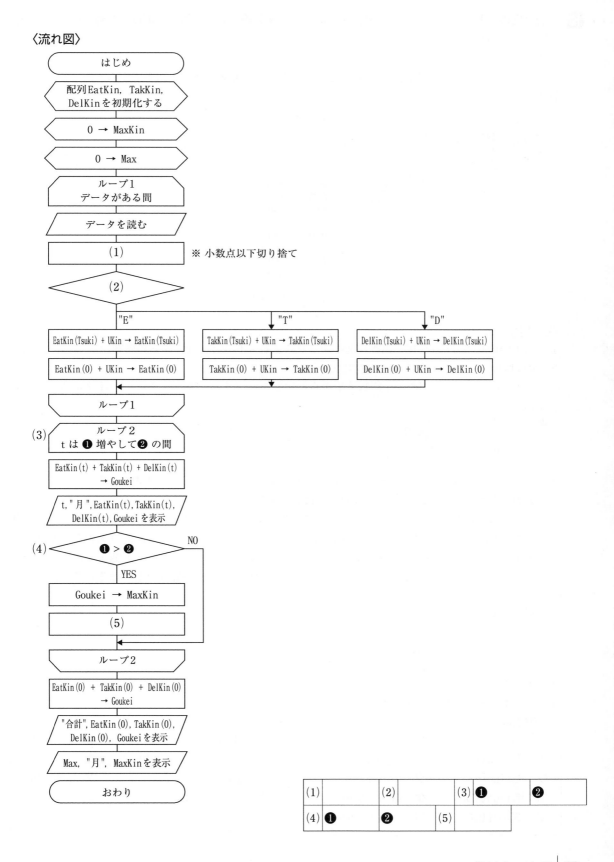

(1)		(2)		(3) ❶		❷	
(4) ❶		❷		(5)			

10 流れ図の説明を読んで，流れ図の(1)～(5)にあてはまる答えを解答群から選び，記号で答えなさい。

〈流れ図の説明〉

処理内容

　配列に鉄道路線データを読み込んだあと，キーボードから入力された駅番号から各駅までの乗車運賃を表示する。

入力データ

駅番号 (Ban) ××	駅名 (Mei) ××××	距離 (Kyori) ××．×

（第1図）

実行結果

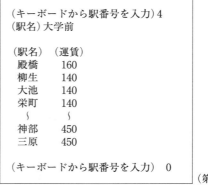

（第2図）

処理条件

1．第1図の駅番号は1～16，距離は基準駅となる駅番号1の駅（殿橋）からの営業距離（km）である。

2．第1図の入力データを読み，次の処理を行う。

　・配列HMeiに駅名を，HKyoriに基準駅からの距離を記憶する。なお，各配列の添字は駅番号と対応している。

　　配列　HMei

(0)	(1)	(2)	(3)	～	(16)
				～	

　　　　　HKyori

(0)	(1)	(2)	(3)	～	(16)
				～	

3．入力データを読み終えたあと，キーボードから駅番号を入力し，次の処理を行う。

　・入力された駅番号の駅名を第2図のように表示する。

　・入力された駅番号の駅からその他の駅までの運賃を第2図のように表示する。運賃は，乗車距離を配列HKijunから探索し，配列HKinの金額を表示させる。なお，乗車距離は入力された駅の営業距離と，運賃を表示する駅の営業距離の差で求め，営業距離の最大は18.0kmである。ただし，入力された駅および運賃は表示しなくてよい。また，HKijunとHKinの添字はそれぞれ対応している。

　　配列　HKijun

(0)	(1)	(2)	～	(9)
2	4	7	～	18

　　　　　HKin

(0)	(1)	(2)	～	(9)
140	160	190	～	520
0.1～2.0km	2.1～4.0km	4.1～7.0km		15.1～18.0km

4．キーボードから0が入力されたら処理を終了する。

5．データにエラーはないものとする。

─ 解答群 ─

ア．Ban
イ．HKijun(m)
ウ．HKijun(n)
エ．HKijun(NBan)
オ．HKyori(m)

カ．HKyori(NBan)
キ．HKyori(NBan)を表示
ク．HMei(Ban)
ケ．HMei(NBan)を表示
コ．HMeiを表示

サ．JKyori
シ．Kyori → HKijun(Ban)
ス．Kyori → HKyori
セ．Kyori → HKyori(Ban)
ソ．m

タ．m ＜ 16
チ．n
ツ．n ＜ 16
テ．n ≦ 16
ト．NBan

〈流れ図〉

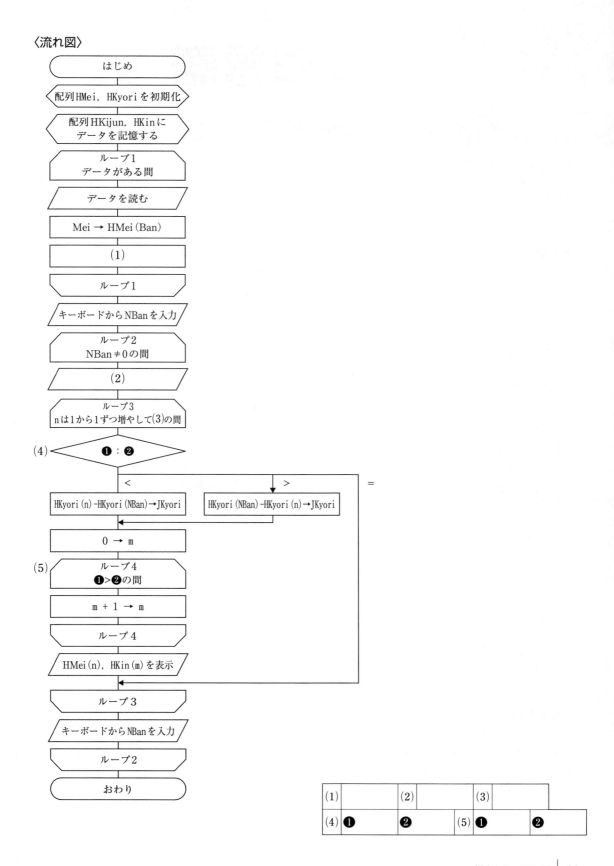

(1)		(2)		(3)	
(4) ❶		❷		(5) ❶	❷

Part Ⅱ マクロ言語 編

Lesson ① マクロ言語の基礎

1 マクロ言語

3級では，トレースの問題は流れ図での出題であった。2級では，トレースの問題は**マクロ言語**で出題される。

▼3級でのトレース形式
<流れ図>

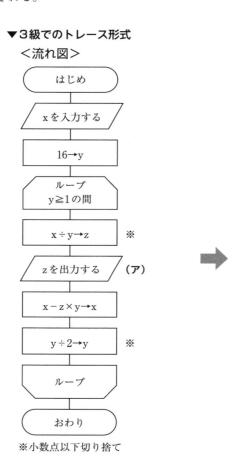

※小数点以下切り捨て

▼2級でのトレース形式
<プログラム>

```
Sub Program2Kyu()
    Dim x As Long
    Dim y As Long
    Dim z As Long
    x = Val(InputBox(""))
    y = 16
    Do While y >= 1
        z = Int(x / y)
        MsgBox (z)    ㋐
        x = x - z * y
        y = Int(y / 2)
    Loop
End Sub
```

2級の【4】マクロ言語（トレース）の問題を理解して解くためには，マクロ言語を学習する必要がある。まずは，マクロ言語を学習しよう。

なお，この問題集では，マクロ言語をMicrosoft ExcelのMicrosoft Visual Basic for Applications（以下，ＶＢＡと略す）を使って，実習を通して学んでいく。

2 マクロ言語の文法

1 変数と定数

(1)変数

変数はデータを入れる箱のようなものである。入れるデータには，文字や数値などがあり，変数にはあらかじめ，入れるデータの種類を決めておく。また，変数にはそれが何を入れているかわかるように変数名を付ける。なお，変数に入る値は，プログラム上で変更することができる。

① 変数名の付け方

変数名には次のような制限がある。

- 変数名には，半角の英数字，日本語，アンダースコア（_）を使うことができるが，@＆＄−などの記号やスペースを使うことはできない。
- 変数名の先頭には，数字やアンダースコアは使えない。
- 変数名に付けられる文字数は255文字以内。
- 変数名には，VBAの予約語と同じものは使えない。

② 変数の型

変数の型は，変数がどういう性質のデータを取り扱うのか，データの取り扱う範囲により決める。2級で扱う変数の型には次のものがある。

変数の型	型の意味	表現できる範囲
Long	長整数型	− 2,147,483,648〜2,147,483,647
String	文字列型	文字列　2GBまで

③ 変数の宣言

変数は，使う前に宣言しておく。変数を宣言するには，Dim文を使う。なお，VBAでは宣言がなくとも変数を使えるが，そのようなプログラミングはバグが生じやすくなるので好ましくない。コードウィンドウの一番上に「Option Explicit」と記述して変数宣言が必須となるようにしておくとよい。

書　式　Dim 変数名 As 変数の型（，変数名 As 変数の型，…）

④ 変数の初期値

変数宣言を行うと，同時に初期化処理が行われる。この変数宣言時の初期化処理で最初に代入される値が初期値である。初期値は，変数の型ごとに決まっており，数値系の型の初期値は「0」（ゼロ）であり，文字列型の初期値は「""」（空文字）である。

(2)定数

定数はある一定の値のことである。プログラム上で常に同じ値として扱われる。

参考 変数を定数として宣言するには，Const文をつかう。

確認　1

次の変数の宣言を記述せよ。

(1) Jikokuを長整数型で宣言する。

(2) JuushoとSimeiを文字列型で宣言する。

2　代入演算子と算術演算子

(1)**代入演算子**……変数にデータを入れるときは，代入文を使う。代入文で用いる演算子が代入演算子「=」である。

> **書 式**　変数 = 代入するデータ

(2)**算術演算子**……四則演算に用いる演算子を算術演算子といい，次のような種類がある。

算術演算子	内容	例	算術演算子	内容	例
+	足し算	2 + 5 → 7	^	べき乗	2 ^ 3 → 8
−	引き算	8 − 3 → 5	Mod	割り算の余り	7 Mod 3 → 1
*	掛け算	4 * 2 → 8	¥	割り算の商	7 ¥ 3 → 2
/	割り算	6 / 3 → 2			

確認　2

次の代入文を記述せよ。

(1)　変数aに数値データ10を代入する。

(2)　変数Mojiに文字列データ「Hello」を代入する（文字のデータは" "で囲む）。

(3)　変数nに変数sの値を代入する。

(4)　変数Kensuに1を加えた値を代入する。

(5)　変数yに変数xを5乗した値を代入する。

(6)　変数Syoに変数Suを20で割った商を代入する。

3　関数

(1)**関数とは**

　関数とは，ある処理をする命令文のかたまりである。関数を使うときは，その関数を呼び出すときに渡す値である引数を関数名の後ろの( )内に指定する。→関数名(引数)

(2)**InputBox関数**……キーボードからデータを入力したい場合に使う。InputBox関数により入力されたデータを戻り値と呼び，戻り値を変数に代入する。

> **書 式**　変数 = InputBox("文字列")

【**例**】　「答え？○か×を入力してください」という文字列を表示させ，キーボードから入力された値を変数Kotaeに記憶する。

　　　　Kotae = InputBox("答え？○か×を入力してください")

補足　「キャンセル」が入力された場合の戻り値は，空文字("")となる。

(3) **MsgBox関数**……ダイアログボックスに文字列や変数の値を表示したい場合に使う。なお，下記の書式1〜3では，戻り値をもたない。

| 書式1 | MsgBox（"文字列"） |

【例1】 「処理を終了します」という文字列を表示させる。
     MsgBox（"処理を終了します"）

| 書式2 | MsgBox（変数） |

【例2】 変数Kotaeの値を表示させる。
     MsgBox（Kotae）

| 書式3 | MsgBox（"文字列" & 変数 & "文字列"） |

【例3】 変数Kotaeの値を表示させる。ただし，その前後に「答えは」「です」という文字列を入れる。
     MsgBox（"答えは" & Kotae & "です"）

■**文字列結合（&）**……文字列を結合するときは，& を使う。なお，&の前後に半角スペースを入れる。

(4) **Val関数**……文字列データを数値データに変換したい場合に使う。戻り値は数値データ。

| 書　式 | Val（文字列データ） |

【例】 変数Suti（長整数型）にInputBoxから入力された値（半角数字）を代入する。
     Suti = Val(InputBox(""))

(5) **Int関数**……値や数式の計算結果を整数化（もとの数値より小さい整数に切り捨て）する場合に使う。

| 書　式 | Int（数式） |

【例】 変数Heikinに変数Gokeiを変数Kensuで割り，小数点以下を切り捨てて整数化した値を代入する。
     Heikin = Int(Gokei / Kensu)

確認 3

次の命令文を記述せよ。ただし，日本語は全角とし，2マスに1字を記入すること。

(1) 「科目名？」という文字列を表示させ，キーボードから入力された値を変数Kamokuに記憶する。

(2) 変数Kamokuの値を表示させる。ただし，その前後に「科目は」「です」という文字列を入れる。

(3) 変数Ninzu（長整数型）にInputBoxから入力された値（半角数字）を代入する。

(4) 変数Wariに合計（Gokei）に対する男子（Dansi）の割合を百分率（%）で求める。（小数点以下切り捨て）

4   コードの記述

(1)Sub 〜 End Sub……VBAでは，プロシージャ（命令文のかたまり）単位でコードを記述する。VBE上で「Sub 〜 End Sub」で終わるものがプロシージャであり，その間にコードを記述する。

書　式	Sub プロシージャ名()
	〜
	End Sub

【例】
```
Sub Program()
    Dim a As Long
    a = Val(InputBox(""))
    MsgBox (a)
End Sub
```

(2)注釈(')……アポストロフィ(')を使うと，コードの内容の説明を注釈文として書くことができる。

【例】　' エラー処理(0で除算していないかチェックし，0で除算される場合はエラーメッセージを表示)

5   条件分岐

条件分岐には，If 〜 Then 〜 Else 〜 End If文を使う。

書　式	If 条件式 Then
	条件式が真のときに実行する命令文
	Else　　　　　　　　　　　　　　　　　　　←省略可
	条件式が偽のときに実行する命令文
	End If

(1)比較演算子……条件式は，比較演算子を使って記述する。

比較演算子	意味	記述例		比較演算子	意味	記述例
=	等しい	a = b		<	より小さい(未満)	a < b
>	より大きい(超える)	a > b		<=	以下	a <= b
>=	以上	a >= b		<>	等しくない	a <> b

(2)論理演算子……複数の条件式を指定することを，複合条件といい，論理演算子を使って記述する。

論理演算子	名称	意味	記述例
And	論理積	複数の条件が，すべて成立するか判定	a >= 60 And b >= 60
Or	論理和	複数の条件のうち，いずれかが成立するか判定	a < 0 Or b < 0
Not	否定	条件を否定する	Not a = 100

次の命令文を記述せよ。

(1) Tenが60以上でMenが「A」なら，Ninに1を加える。

(2) Kinが10000以上のときは，Rituに10を代入し，それ以外のときは，Rituに0を代入する。

6 繰り返し処理

(1)For ～ Next文……繰り返しの回数が決まっている場合や，数値が一定の値ずつ変化する場合に使う。

書 式	For 変数 = 初期値 To 終了値 |Step 増分値| ←増分値が1のとき省略可

　　　　　　　繰り返す処理
　　　　　Next 変数 ←省略可

【例】　For a = 1 To 3　　右の実行結果のように，aの値は1から始
　　　　　　MsgBox(a)　　まり，1ずつ増え，3まで実行するので，
　　　　Next a　　　　　繰り返す処理をa=1のとき，a=2のとき，
　　　　　　　　　　　　a=3のときの3回行うことになる。

(2)Do While ～ Loop文……繰り返しの回数が決まっていない場合や，数値が一定の値ずつ変化しない場合に使う。

書 式	Do While 条件式　　← 条件式が成立している間，繰り返す処理を実行する

　　　　　　　繰り返す処理
　　　　　Loop

【例】　Do While a <= 3
　　　　　　MsgBox(a)
　　　　　a = a + 1
　　　　Loop

1 VBEの起動

Excelを起動して，「開発」リボンにある「Visual Basic」をクリックする。なお，ＶＢＥ（Visual Basic Editor）は，ＶＢＡでプログラムを入力するためのエディターである。

「開発」リボンが表示されていない場合は，「ファイル」→「オプション」の順にクリックすると，表示される「Excelのオプション」画面で，「リボンのユーザー設定」を選択し，リボンのユーザー設定の一覧にある「開発」にチェックマークを入れ，「OK」ボタンをクリックし，表示する。

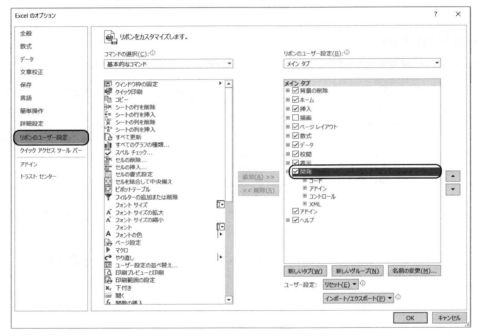

参考 ショートカットキー（Alt + F11）で，VBEを起動する方法もある。
VBEが起動される。

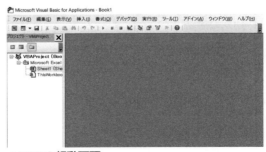

▲VBEの起動画面

2　標準モジュールの挿入

標準モジュール

　ＶＢＥを起動しただけでは，コードを記述する場所がないので，標準モジュールを挿入する。標準モジュールは，ＶＢＡのコードを書くためのファイルである。標準モジュールには，関数や変数などすべてのコードを書くことができる。

標準モジュールの挿入

　「挿入」→「標準モジュール」の順にクリックする。標準モジュールが挿入され，コードを入力する白いエリアが表示される。

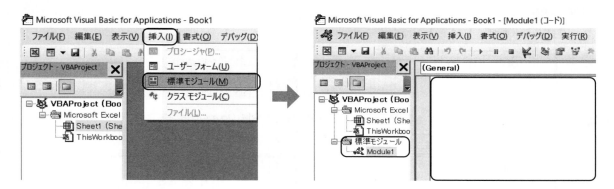

3　コードの入力

【例】　2つの数の足し算の結果を表示するプログラム

<流れ図>　　　流れ図とプログラムの対応　<プログラム>

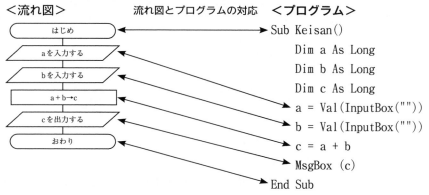

補足　流れ図では変数の宣言をしないが，プログラムでは変数の宣言を行うDim文が必要である。

Subプロシージャの入力

① 「sub Keisan」と入力して，[Enter]キーを押下する。

補足　プロシージャ名は，先頭の一文字目を大文字にするとよい。

　　入力に際しては，原則，小文字で入力するとよい(例外：プロシージャ名や変数名が大文字を含む場合，初めてその名前を入力するときは，大文字を含んだままで入力する)。

参考　コードの入力は，原則，半角英数入力で行うとよい。

② 「Sub Keisan()」のように，subが青字のSubに変わり，Keisanの後ろに引数を表す「()」が付く。また，「End Sub」も挿入される。

補足 誤って「sab Keisan」と入力して，[Enter]キーを押下しても，先頭の「s」が大文字に変化しないので，原則，小文字で入力することによって，入力の誤りを見つけやすくなる。

Dim文の入力

① [Tab]キーを押下して，字下げをする。

補足 字下げをすることで，コードが見やすくなり，コードの固まりを把握しやすくなる。

② 「dim a as long」と入力して，[Enter]キーを押下する。

参考 「dim a as」と入力し，スペースバーを押下すると，リストボックスが表示されるので，この中から「Long」を選択してもよい。リストボックスの表示は，「l」→「lo」と入力を続けるとジャンプする。リストボックスから該当のものをダブルクリックで選択することで入力される。ダブルクリックの代わりにクリック→[Enter]やクリック→[Tab]などでも入力できる。

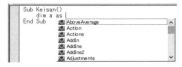  

③ 「dim b as long」と入力して，[Enter]キーを押下する。

④ 「dim c as long」と入力して，[Enter]キーを押下する。

参考 「Dim a As Long」をコピー→貼り付けして，変数名『a』の部分を『b』，『c』に変えてもよい。

命令文の入力

① 「a=val(inputbox(""))」と入力して，[Enter]キーを押下する。

② 「b=val(inputbox(""))」と入力して，[Enter]キーを押下する。

③ 「c=a+b」と入力して，[Enter]キーを押下する。

④ 「msgbox(c)」と入力して，[↓]キーを押下する。

補足 演算子の前後は1字分の空白が挿入される。MsgBoxと引数の間も1字分の空白が挿入される。

補足 命令文の最後は，入力後[Enter]キーを押下すると改行され空白行ができるので，[↓]キーを押下している（空白行があってもプログラムの実行には影響がない）。

```
Sub Keisan()
    Dim a As Long
    Dim b As Long
    Dim c As Long
    a = Val(InputBox(""))
    b = Val(InputBox(""))
    c = a + b
    MsgBox (c)
End Sub
```

▲入力後の画面例

文法エラー

　文法エラーは，コードの入力時にエラーメッセージが表示されるエラーである。エラーメッセージが表示されたら，［OK］ボタンをクリックして，正しく入力し直す。

▼エラーメッセージの例

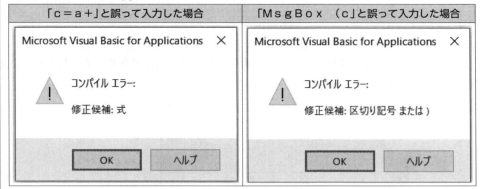

「c＝a＋」と誤って入力した場合	「MsgBox　（c」と誤って入力した場合
Microsoft Visual Basic for Applications　✕	Microsoft Visual Basic for Applications　✕
！　コンパイル エラー： 修正候補: 式 OK　　ヘルプ	！　コンパイル エラー： 修正候補: 区切り記号 または) OK　　ヘルプ

4　マクロの実行

マクロの実行

① 　ＶＢＥで，「実行」→「Sub/ユーザー フォームの実行」の順にクリックする。

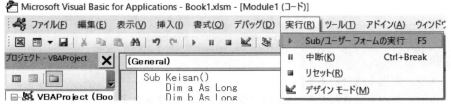

Microsoft Visual Basic for Applications - Book1.xlsm - [Module1 (コード)]

ファイル(F)　編集(E)　表示(V)　挿入(I)　書式(O)　デバッグ(D)　実行(R)　ツール(T)　アドイン(A)　ウィンドウ

▶ Sub/ユーザー フォームの実行	F5
‖ 中断(K)	Ctrl+Break
■ リセット(R)	
◣ デザイン モード(M)	

カーソルの位置が，「Sub～End Sub」の範囲外の場合は，次のような画面が表示されるので，実行したいマクロを選択して，「実行」ボタンをクリックする。

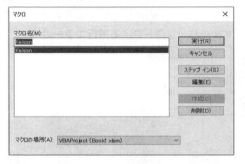

② 実行すると，インプットボックスが表示される。

③ 足し算をしたい2つの数のうち，1つ目の数字を入力して，［OK］ボタンをクリックする。

補足 数字は半角で入力する。
補足 全角数字はVal関数で数値に変換できない（「0」になってしまう）。

④ 2つ目のインプットボックスが表示されるので，足し算をしたい2つの数のうち，2つ目の数字を入力して，［OK］ボタンをクリックする。

⑤ 計算結果が表示される。

⑥ 計算結果を確認したら，［OK］ボタンをクリックする。

デバッグ

① 実行時にエラーが出る場合がある。
② エラーメッセージが表示されたら，［**デバッグ**］ボタンをクリックする。
③ エラーの原因として考えられる行が黄色で表示される。

▼オーバーフローによる実行エラーの例

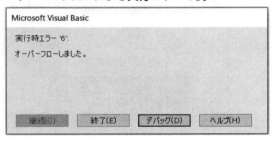

```
Sub Keisan()
    Dim a As Long
    Dim b As Long
    Dim c As Long
    a = Val(InputBox(""))
    b = Val(InputBox(""))
    c = a + b
    MsgBox (c)
End Sub
```

④　オーバーフローの原因を確かめるため，変数aと変数bの値を確認する。

補足　マウスカーソルを「a」や「b」に合わせると，変数の値を確認できる。

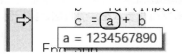

参考　変数a，変数b，変数cはLong型であるので，2,147,483,647までの値は記憶できるので，変数aと変数bに「1234567890」は記憶できたが，「1234567890+1234567890」の計算結果は「2147483647」を超えてしまう（オーバーフロー）ので，変数cに計算結果を記憶できないため，実行時エラーとなった。

⑤　実行時エラーでデバッグをしている場合は，実行が中断状態にあるので，原因を確認出来たら，「実行」→「リセット」の順にクリックして，実行を終了する。

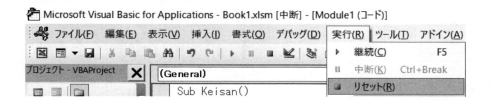

論理エラー

　下図のように，「c = a + b」を誤って「c = a + d」と入力して実行した場合，計算結果は表示されるものの，正しい計算結果が表示されない場合がある。このようなエラーを，**論理エラー**という。

```
Sub Keisan()
    Dim a As Long
    Dim b As Long
    Dim c As Long
    a = Val(InputBox(""))
    b = Val(InputBox(""))
    c = a + d
    MsgBox (c)
End Sub
```

5　保存

①　「ファイル」→「Book1の上書き保存」の順にクリックする。

Microsoft Visual Basic for Applications - Book1 - [Module1 (コード)]

ファイル(F)　編集(E)　表示(V)　挿入(I)　書式(O)　デバッグ(D)　実行(R)　ツール(T)　アドイン(A)　ウィンドウ(W)　ヘルプ(H)

Book1 の上書き保存(S)　　　　　Ctrl+S　　　　9行, 8桁

②　「名前を付けて保存」ダイアログボックスで，適切な保存場所を選択して，適切なファイルを入力する。

③　ファイルの種類から「Excel マクロ有効ブック」を選択して，[保存]ボタンをクリックする。

ファイル名(N):	Book1
ファイルの種類(T):	Excel ブック
作成者:	Excel ブック
	Excel マクロ有効ブック
	Excel バイナリ ブック

4 実習例題

【例題1】 2つの正の整数の足し算と掛け算の計算結果を表示するプログラムを，流れ図と実行例を参考にして，プログラムの空欄にあてはまる記述を考え，作成しよう。

<流れ図>

```
      はじめ
    aを入力する
    bを入力する
    a＋b→c
    a×b→d
 a, "＋", b, "＝", c
    を出力する
 a, "×", b, "＝", d
    を出力する
      おわり
```

<実行例>

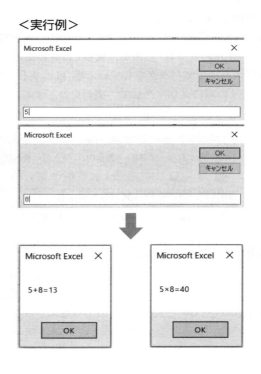

<プログラム>

```
Sub JiRei1()
    Dim a As Long
    Dim b As Long
    Dim c As Long
    [    (1)    ]
    a = Val(InputBox(""))
    b = Val(InputBox(""))
    c = a + b
    [   (2)   ]
    [       (3)       ]
    MsgBox (a & "×" & b & "＝" & d)
End Sub
```

(1)	
(2)	
(3)	

【例題2】 0以上の整数を入力すると奇数か偶数か判定して表示するプログラムを，流れ図と実行例を参考にして，プログラムの空欄にあてはまる記述を考え，作成しよう。

＜流れ図＞

```
      はじめ
  ┌──────────┐
  │ n を入力する │
  └──────────┘
  ┌──────────┐
  │ n ÷ 2 → s │  ※小数点以下切り捨て
  └──────────┘
  ┌──────────────┐
  │ n － s × 2 → a │
  └──────────────┘
        ◇
     a = 1 ──────YES──────┐
        ◇                 │
        │NO               │
  ┌──────────┐     ┌──────────┐
  │ "偶数" → h │     │ "奇数" → h │
  └──────────┘     └──────────┘
        │                 │
        └────────┬────────┘
       ┌──────────────┐
       │ n, "は", h     │
       │ を出力する      │
       └──────────────┘
         おわり
```

＜プログラム＞

```
Sub JiRei2()
    Dim n As Long
    Dim s As Long
    Dim a As Long
    ┌──────(1)──────┐
    n = Val(InputBox(""))
    ┌──────(2)──────┐
    a = n - s * 2
    ┌──────(3)──────┐
        h = "奇数"
    Else
        h = "偶数"
    End If
    MsgBox (n & "は" & h)
End Sub
```

＜実行例1＞

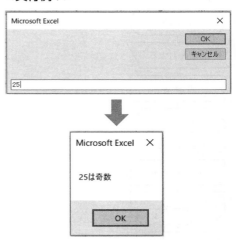

＜実行例2＞

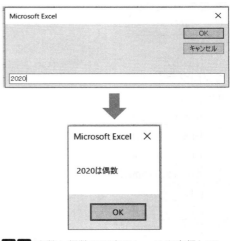

補足 奇数と偶数の両方のケースを実行して，プログラムが正しいか確認する。

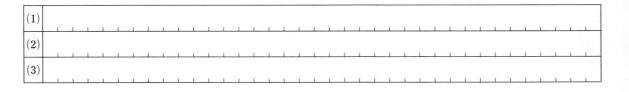

(1)	
(2)	
(3)	

【例題3】 2以上の整数を入力すると1～入力した数までの和を表示するプログラムを，流れ図と実行例を参考にして，プログラムの空欄にあてはまる記述を考え，作成しよう。

＜流れ図＞

```
      ┌─────────┐
      (  はじめ  )
      └─────────┘
      ╱ n を入力する ╲
      ╲           ╱
      ┌─────────┐
      │  0 → w  │
      └─────────┘
      ┌─────────┐
      │  ループ  │
      │s は1から1ずつ増やして│
      │  s ≦ n の間 │
      └─────────┘
      ┌─────────┐
      │ w + s → w │
      └─────────┘
      ┌─────────┐
      │  ループ  │
      └─────────┘
      ╱"1～",n,"の和は",╲
      ╲ w を出力する  ╱
      ┌─────────┐
      (  おわり  )
      └─────────┘
```

＜実行例＞

参考 ブレークポイントを設定することで，変数の値がどのように変化しているか確認できる。

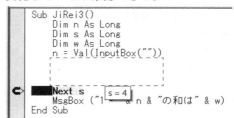

変数の値を確認したい行の左端をクリックすると茶色の丸印が付き，ブレークポイントが設定できる（茶色の丸印をクリックすると解除される）。実行するとブレークポイントで処理が中断される。中断された状態のとき，変数にマウスカーソルを合わせるとその時の変数の値が表示される（「実行」→「継続」の順にクリックすると中断状態から続きを実行する）。

＜プログラム＞

```
Sub JiRei3()
    Dim n As Long
    Dim s As Long
    Dim w As Long
    n = Val(InputBox(""))
    (1)
        (2)
        (3)
    Next s
    MsgBox ("1～" & n & "の和は" & w)
End Sub
```

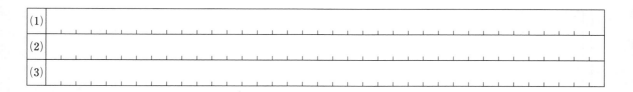

(1)	
(2)	
(3)	

【例題4】 正の整数を入力すると2進数に変換した値を表示するプログラムを，流れ図と実行例を参考にして，プログラムの空欄にあてはまる記述を考え，作成しよう。

＜流れ図＞

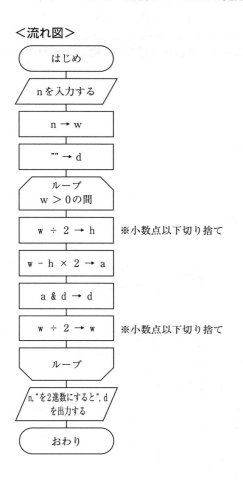

＜実行例＞

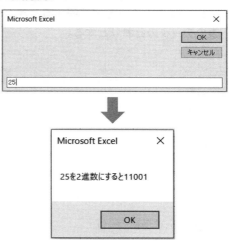

＜プログラム＞

```
Sub JiRei4()
    Dim n As Long
    Dim w As Long
    Dim h As Long
    Dim a As Long
    Dim d As String
    n = Val(InputBox(""))
    w = n
    d = ""
        (1)
        h = Int(w / 2)
            (2)
        d = Str(a) & d
            (3)
    Loop
    MsgBox (n & "を2進数にすると" & d)
End Sub
```

※ Str関数……数値データを文字列データに変換したい場合に使う。戻り値は文字列データ。

注意 ループの条件を誤るとループを抜けることができない無限ループの状態になってしまう。無限ループになってしまったら，プログラムを強制終了させる。左の流れ図でループの条件を「w ≧ 0」と誤ると無限ループに陥る。無限ループを生まないようトレースが大切になる。

(1)	
(2)	
(3)	

1 マクロ言語（トレース）の基礎

【例題1】 プログラムにしたがって処理するとき，下表のようにトレース表を作成する。なお，入力する
tの値は，下表のデータのとおりとする。

＜プログラム＞

```
Sub ProgramRei1()
    Dim g As Long
    Dim k As Long
    Dim t As Long
    Dim h As Long
    g = 0  ← ①
    k = 0  ← ②
    t = Val(InputBox(""))  ← ③
    Do While Not t = 0
        g = g + t  ← ④
        k = k + 1  ← ⑤
        t = Val(InputBox(""))  ← ⑥
    Loop
    MsgBox (g)  ← ⑦
    If k > 0 Then
        h = Int(g / k)  ← ⑧
        MsgBox (h)  ← ⑨
    End If
End Sub
```

▶ **Point**
・変数の値を表の中に記入する。
・変数の値は，次に処理があるまで変わらない。
・代入文以外では変数の値は変わらない。

▼データ

	tの値
1件目	80
2件目	60
3件目	85
4件目	95
5件目	0

▼トレース表

		g	k	t	h
1件目	①	0	−	−	−
	②	0	0	−	−
	③	0	0	80	−
	④	80	0	80	−
	⑤	80	1	80	−
2件目	⑥	80	1	60	−
	④	140	1	60	−
	⑤	140	2	60	−
3件目	⑥	140	2	85	−
	④	225	2	85	−
	⑤	225	3	85	−
4件目	⑥	225	3	95	−
	④	320	3	95	−
	⑤	320	4	95	−
5件目	⑥	320	4	0	−
	⑦	320	4	0	−
	⑧	320	4	0	80
	⑨	320	4	0	80

プログラムにしたがって処理するとき，(1)～(3)を答えなさい。なお，入力する s の値は，下表のデータのとおりとする。

(1)　はじめて出力される値を答えなさい。
(2)　**(ア)**で 3 回目に出力される値を答えなさい。
(3)　**(イ)**で出力される値を答えなさい。

▼データ

	sの値
1件目	23
2件目	18
3件目	29
4件目	35
5件目	30
6件目	24
7件目	0

＜プログラム＞

```
Sub ProgramRen1()
    Dim p As Long
    Dim d As Long
    Dim s As Long
    p = 0
    d = 0
    Do While p <> 1
        s = Val(InputBox(""))
        If s = 0 Then
            p = 1
        Else
            If d >= s Then
                MsgBox (s)    ←(ア)
            Else
                MsgBox (d)
                d = s
            End If
        End If
    Loop
    MsgBox (d)    ←(イ)
End Sub
```

▼トレース表

p	d	s

(1)		(2)		(3)	

2 二重ループを含むトレース

【例題2】 プログラムにしたがって処理するとき，(1)〜(2)を答えなさい。なお，入力する c の値は，下表のデータのとおりとする。

(1) 1件目のcの値を入力したとき，2回目に③を通るときのkとsの値を答えなさい。

(2) 2件目のcの値を入力したとき，⑤で出力されるnの値を答えなさい。

<プログラム>

```
Sub ProgramRei2()
    Dim c As Long
    Dim n As Long
    Dim k As Long
    Dim s As Long
    c = Val(InputBox(""))
    Do While c <> 0
        n = 1
        k = 1
        s = k * 2      ← ①
        Do While s < c
            k = s      ← ②
            n = n + 1  ← ③
            s = k * 2  ← ④
        Loop
        MsgBox (n)     ← ⑤
        MsgBox (c)
        c = Val(InputBox(""))
    Loop
End Sub
```

▶ **Point**
内側のループを抜けるときの条件に注意しておく。

▼データ

	cの値
1件目	15
2件目	7
3件目	0

▼トレース表

		c	n	k	s
1件目	①	15	1	1	2
	②	15	1	2	2
	③	15	2	2	2
	④	15	2	2	4
	②	15	2	4	4
	③	15	3	4	4
	④	15	3	4	8
	②	15	3	8	8
	③	15	4	8	8
	④	15	4	8	16
	⑤	15	4	8	16
2件目	①	7	1	1	2
	②	7	1	2	2
	③	7	2	2	2
	④	7	2	2	4
	②	7	2	4	4
	③	7	3	4	4
	④	7	3	4	8
	⑤	7	3	4	8
3件目		0	3	4	8

(1)				(2)	
k		s			

プログラムにしたがって処理するとき，(1)～(3)を答えなさい。

(1) xに2を入力したとき，最初に（ア）を通るときのtの値を答えなさい。

(2) xに2を入力したとき，（ア）の処理は何回実行されるか答えなさい。

(3) xに4を入力したとき，（イ）で出力されるgの値を答えなさい。

＜プログラム＞

```
Sub ProgramRen2()
    Dim x As Long
    Dim k As Long
    Dim g As Long
    Dim t As Long
    Dim s As Long
    x = Val(InputBox(""))
    k = 1
    g = 0
    Do While x >= k
        t = 0
        s = 1
        Do While s <= 9
            t = t + s
            s = s + 1
        Loop
        g = g + t    ←(ア)
        k = k + 1
    Loop
    MsgBox (g)    ←(イ)
End Sub
```

▼トレース表

x	k	g	t	s

(1)		(2)		回	(3)	

1 プログラムにしたがって処理するとき，(1)～(5)を答えなさい。なお，入力する k の値は 2 以上の整数とする。

(1) k の値が 5 のとき，㋐で最初に出力される s の値を答えなさい。

(2) k の値が 5 のとき，㋑で出力される w の値を答えなさい。

(3) k の値が 6 のとき，㋐の処理を何回実行するか答えなさい。

(4) k の値が 9 のとき，㋐で 7 回目に出力される s の値を答えなさい。

(5) プログラムの処理について説明した文のうち，正しいものはどれか **ア**，**イ**，**ウ** の中から選び，記号で答えなさい。

    ア．㋑を処理するときの c の値は，k の値と等しい。

    イ．㋑を処理するときの c の値は，k の値より大きい。

    ウ．㋑を処理するときの c の値は，k の値より小さい。

＜プログラム＞

```
Sub ProgramH1()
    Dim c As Long
    Dim s As Long
    Dim e As Long
    Dim w As Long
    Dim k As Long
    Dim t As Long
    c = 0
    s = 0
    e = 1
    w = 0
    k = Val(InputBox(""))
    Do While c < k
        t = s + e
        s = e
        e = t
        MsgBox (s)    ㋐
        c = c + 1
        w = w + t
    Loop
    MsgBox (w)    ㋑
End Sub
```

(1)		(2)		(3)	回	(4)		(5)	

2 プログラムにしたがって処理するとき，(1)〜(5)を答えなさい。なお，入力するSuの値は1以上の整数とする。

(1) Su の値が 78 のとき，⊘の処理を何回実行するか答えなさい。

(2) Su の値が 78 のとき，⦿を処理するときの w の値を答えなさい。

(3) Su の値が 3248 のとき，⑦を処理するときの i の値を答えなさい。

(4) Su の値が 3248 のとき，㊤で出力される Han の値を答えなさい。

(5) プログラムの処理について説明した文のうち，正しいものはどれか**ア**，**イ**，**ウ**の中から選び，記号で答えなさい。

    ア．㊤で「○」が出力されるのは，必ずSuの値が偶数の場合である。

    イ．㊤で「○」が出力されるのは，必ずSuの値が3の倍数の場合である。

    ウ．㊤で「○」が出力されるのは，必ずSuの値が素数の場合である。

<プログラム>

```
Sub ProgramH2()
    Dim i As Long
    Dim k As Long
    Dim Su As Long
    Dim w As Long
    Dim h As Long
    Dim t As Long
    Dim y As Long
    Dim z As Long
    Dim Han As String
    i = 1
    k = 10
    Su = Val(InputBox(""))
    Do While Su >= k
        k = k * 10
        i = i + 1
    Loop
    w = 0                    ⑦
    h = Su
    Do While i >= 0
        t = Int(h / 10 ^ i)
        w = w + t
        h = h - t * 10 ^ i   ⊘
        i = i - 1
    Loop

    y = Int(w / 3)           ⦿
    z = w - 3 * y
    If z = 0 Then
        Han = "○"
    Else
        Han = "×"
    End If
    MsgBox (Su & "," & Han)  ㊤
End Sub
```

(1)	回	(2)		(3)		(4)		(5)	

3 プログラムにしたがって処理するとき, (1)～(5)を答えなさい。なお, 入力する h の値は 0 以上の整数, 入力する s の値は 0 以上の偶数とする。

(1) h の値が 2, s の値が 6 のとき, ㋐の処理を何回実行するか答えなさい。

(2) h の値が 2, s の値が 6 のとき, ㋑の処理を実行するときの b の値を答えなさい。

(3) h の値が 2, s の値が 6 のとき, ㋒で出力される t の値を答えなさい。

(4) h の値が 3, s の値が 0 のとき, ㋒で出力される t の値を答えなさい。

(5) h と s の値が①, ②のとき, ㋒で出力される t の値を比較すると, どのような関係になるか**ア, イ, ウ**の中から選び, 記号で答えなさい。

> ① h の値 4, s の値が 0
> ② h の値 4, s の値が 50

ア. ①のときの方が, t の値は大きい。

イ. ②のときの方が, t の値は大きい。

ウ. それぞれの t の値は, 同じである。

＜プログラム＞

```
Sub ProgramH3()
    Dim h As Long
    Dim s As Long
    Dim a As Long
    Dim p As Long
    Dim b As Long
    Dim t As Long
    h = Val(InputBox(""))
    s = Val(InputBox(""))
    a = h * 30 + 0.5 * s
    p = 1
    b = 0
    Do While s >= p
        b = b + 6        ㋐
        p = p + 1
    Loop
    If a < b Then        ㋑
        t = b - a
    Else
        t = a - b
    End If
    MsgBox (t)           ㋒
End Sub
```

(1)		回	(2)		(3)		(4)		(5)	

4 プログラムにしたがって処理するとき，(1)〜(5)を答えなさい。なお，入力する x の値と y の値は 1 以上の整数とする。

(1) x の値が 18，y の値が 9 のとき，⑦の処理は何回実行されるか答えなさい。

(2) x の値が 18，y の値が 9 のとき，④で出力される g の値を答えなさい。

(3) x の値が 288，y の値が 126 のとき，④で出力される g の値を答えなさい。

(4) x の値が 276，y の値が 108 のとき，⑦の処理を 2 回実行したあとの b の値を答えなさい。

(5) プログラムの処理について説明した文のうち，正しいものはどれか**ア，イ，ウ**の中から選び，記号で答えなさい。

  ア．④で出力される g の値は，x と y の約数の個数である。

  イ．④で出力される g の値は，x と y の最小公倍数である。

  ウ．④で出力される g の値は，x と y の最大公約数である。

＜プログラム＞

```
Sub ProgramH4()
    Dim x As Long
    Dim y As Long
    Dim a As Long
    Dim b As Long
    Dim s As Long
    Dim z As Long
    Dim m As Long
    Dim g As Long
    x = Val(InputBox(""))
    y = Val(InputBox(""))
    a = x
    b = y
    s = 1
    Do While s = 1
        z = Int(a / b)
        m = a - b * z
        If m = 0 Then
            s = 0
            g = b
        Else
            a = b
            b = m    ⑦
        End If
    Loop
    MsgBox (x & "," & y & "," & g)    ④
End Sub
```

(1)		(2)		(3)		(4)		(5)	
	回								

5 プログラムにしたがって処理するとき，(1)〜(5)を答えなさい。なお，入力する s の値と e の値と d の値は 1 以上の整数とする。

(1) s の値が 6，e の値が 32，d の値が 3 のとき，㋐で 2 回目に出力される s の値を答えなさい。

(2) s の値が 6，e の値が 32，d の値が 3 のとき，㋒で出力される k の値を答えなさい。

(3) s の値が 2，e の値が 20，d の値が 2 のとき，㋑を実行するときの p の値を答えなさい。

(4) s の値が 1，e の値が 15，d の値が 5 のとき，㋒で出力される k の値を答えなさい。

(5) プログラムの処理について説明した文のうち，正しいものはどれか**ア**，**イ**，**ウ**の中から選び，記号で答えなさい。

    ア．入力する s の値が e の値より大きいとき，エラーメッセージが出力されて処理が終わる。

    イ．入力する s の値が e の値より大きいとき，何も出力されずに処理が終わる。

    ウ．入力する s の値が e の値より大きいとき，0 が出力されて処理が終わる。

<プログラム>

```
Sub ProgramH5()
    Dim s As Long
    Dim e As Long
    Dim d As Long
    Dim k As Long
    Dim p As Long
    s = Val(InputBox(""))
    e = Val(InputBox(""))
    d = Val(InputBox(""))
    k = 0
    p = 0
    Do While s <= e
        MsgBox (s)      ㋐
        s = s + d
        p = p + 1
    Loop
    k = p * d          ㋑
    MsgBox (k)         ㋒
End Sub
```

(1)		(2)		(3)		(4)		(5)	

6 プログラムにしたがって処理するとき，(1)～(5)を答えなさい。なお，入力する i の値と s の値は 0 以上の整数とする。

(1) i の値が 1，s の値が 10 のとき，㋐の 3 回目に出力される i の値を答えなさい。

(2) i の値が 1，s の値が 10 のとき，㋑の処理は何回実行されるか答えなさい。

(3) i の値が 1，s の値が 10 のとき，㋒で出力される g の値を答えなさい。

(4) i の値が 3，s の値が 7 のとき，㋒で出力される g の値を答えなさい。

(5) i と s の値が①，②のとき，㋒で出力される g の値を比較すると，どのような関係になるか**ア**，**イ**，**ウ**の中から選び，記号で答えなさい。

> ① i の値が 4，s の値が 9
> ② i の値が 8，s の値が 13

　　ア．①のときの方が，g の値は小さい。
　　イ．②のときの方が，g の値は小さい。
　　ウ．それぞれの g の値は，同じである。

<プログラム>

```
Sub ProgramH6()
    Dim i As Long
    Dim s As Long
    Dim p As Long
    Dim g As Long
    Dim j As Long
    i = Val(InputBox(""))
    s = Val(InputBox(""))
    p = 1
    g = 0
    Do While i <= s
        MsgBox (i)          ㋐
        j = 1
        Do While j <= p
            MsgBox (j & "," & p)    ㋑
            g = g + j
            j = j + 1
        Loop
        i = i + p
        p = p + 1
    Loop
    MsgBox (g)          ㋒
End Sub
```

(1)		(2)	回	(3)		(4)		(5)	

7 プログラムにしたがって処理するとき，(1)〜(5)を答えなさい。なお，入力する x の値は 0 〜 15の整数とする。

(1) x の値が 8 のとき，㋐の処理を何回実行するか答えなさい。
(2) x の値が 8 のとき，㋑で出力される s の値を答えなさい。
(3) x の値が 13 のとき，㋒の処理を何回実行するか答えなさい。
(4) x の値が 13 のとき，㋓で出力される s の値を答えなさい。
(5) プログラムの処理について説明した文のうち，正しいものはどれか**ア，イ，ウ**の中から選び，記号で答えなさい。

 ア．㋓で出力される値は，x の値を 2 進数に変換したものである。
 イ．㋓で出力される値は，㋑で出力された各桁の「1」と「0」を反転させたものである。
 ウ．㋓で出力される値は，㋑で出力された各桁から「1」を引いたものである。

＜プログラム＞

```
Sub ProgramH7()
    Dim x As Long
    Dim k As Long
    Dim s As String
    Dim h As Long
    Dim m As Long
    Dim a As Long
    Dim b As Long
    x = Val(InputBox(""))
    k = 3
    s = ""
    Do While k >= 0
        h = x - 2 ^ k
        If h >= 0 Then
            s = s & "1"
            x = h
        Else
            s = s & "0"      ㋐
        End If
        k = k - 1
    Loop
```

```
    MsgBox (s)      ㋑
    k = 0
    m = Val(s)
    s = ""
    Do While k <= 3
        a = Int(m / 10)
        b = m - 10 * a + 1
        m = a
        If b = 2 Then
            s = "0" & s
        Else
            s = Str(b) & s      ㋒
        End If
        k = k + 1
    Loop
    MsgBox (s)      ㋓
End Sub
```

※Str関数……数値データを文字列データに
　変換したい場合に使う。戻り値は文字列
　データ。

(1)		回	(2)		(3)		回	(4)		(5)	

8 プログラムにしたがって処理するとき，(1)～(5)を答えなさい。なお，入力する a の値と m の値と n の値は自然数とする。

(1) a の値が 3，m の値が 2，n の値が 3 のとき，処理が終了したときの s の値を答えなさい。
(2) a の値が 3，m の値が 2，n の値が 3 のとき，処理が終了したときの t の値を答えなさい。
(3) a の値が 3，m の値が 2，n の値が 3 のとき，①で出力される h の値を答えなさい。
(4) a の値が 2，m の値が 4，n の値が 2 のとき，処理が終了したときの u の値を答えなさい。
(5) プログラムの処理について説明した文のうち，正しいものはどれか**ア，イ，ウ**の中から選び，記号で答えなさい。

ア．一度も⑦を通らなければ，$a^m \times a^n = a^{m+n}$ が成立する。
イ．終了したときの s の値は，a の値を m 回加えた値である。
ウ．終了したときの u の値は，a の値を (m+n) 回加えた値である。

＜プログラム＞

```
Sub ProgramH8()                    Do While x <= (m + n)
    Dim a As Long                      If x <= m Then
    Dim m As Long                          s = s * a
    Dim n As Long                      End If
    Dim x As Long                      If x <= n Then
    Dim s As Long                          t = t * a
    Dim t As Long                      End If
    Dim u As Long                      u = u * a
    Dim h As String                    x = x + 1
    a = Val(InputBox(""))          Loop
    m = Val(InputBox(""))          If (t * s) = u Then
    n = Val(InputBox(""))              h = "○"
    x = 1                          Else
    s = 1                              h = "×"     ⑦
    t = 1                          End If
    u = 1                          MsgBox (h)     ①
                                End Sub
```

(1)		(2)		(3)		(4)		(5)	

Part III プログラミング関連知識｜編

1 プログラムの流れとプログラム言語

プログラムを作成する一連の作業をプログラミングという。

学習の ポイント

キーワード

▶**プログラミングの手順**
- □ 翻訳（コンパイル）
- □ 機械語
- □ テストラン
- □ 文法エラー
- □ 論理エラー
- □ デバッグ

言語の種類
- □ 言語プロセッサ
  - コンパイラ・インタプリタ・アセンブラ
- □ プログラム言語
  - C言語・Java・アセンブリ言語・簡易言語

▶**チェックの種類**
- □ データチェック
  - シーケンスチェック・リミットチェック・トータルチェック・ニューメリックチェック・チェックディジットチェック

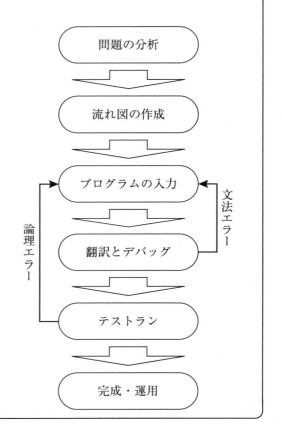

(1)プログラミングの手順

①プログラムを作成するには，入力されるデータを確認し，出力する情報を決定する（**問題の分析**）。

②処理内容を検討し，手順をわかりやすく図式化する（**流れ図の作成**）。流れ図はフローチャートともよばれ，用いられる記号は日本産業規格（JIS）で定められている。

③流れ図をもとに，**プログラム言語**により，プログラムをコンピュータに入力する（**プログラムの入力**）。

④プログラムの入力が完了したら，**言語プロセッサ**を用いてコンピュータに指示できる形式に変換する（**翻訳**）。この言語プロセッサにより指摘される文法上の誤りを**文法エラー**という。指摘されたエラーをもとに，プログラムの修正を行い（**デバッグ**），すべての誤りを修正する。

⑤確認用のデータを利用し，プログラムを実際に実行する（**テストラン**）。処理が行われるものの，想定どおりの出力結果が出ない場合は**論理エラー**となる。

⑥作業順序や処理内容に誤りがないか，流れ図と入力されたプログラムを詳細に確認し，正しい処理結果になるようプログラムの修正を行う。このとき，流れ図を利用して変数の値の変化をたどる作業などを行う（トレース）。最終的に，正しい結果が出力されればプログラムは完成となり，実際の環境での運用となる。

(2)プログラム言語の特徴

プログラム言語は数多く存在するが，代表的な4つの言語について説明する。これらは，人間が理解しやすいようにつくられている。

- ①**C言語**………… システム開発向け言語で，Unixの開発で利用されている。汎用性や移植性が高い。このため，小型のマイコンから大型コンピュータまで，さまざまなコンピュータで利用されている。
- ②**Java**………… Java仮想マシン上で実行されるため，OSや機種に依存することなく実行できる。オブジェクトを中心としてとらえたオブジェクト指向の言語である。
- ③**アセンブリ言語** 機械語（コンピュータが直接理解できる言語）を人間が理解できる記号に置き換えた言語。このため，機械語と1対1で対応している。
- ④**簡易言語**……… 命令や機能を限定することで，簡単に記述・実行できるようにしたプログラム言語。Microsoft社のVBAをはじめとするマクロ言語や，JavaScriptが有名。アプリケーション上やWebブラウザなどでプログラムを実行できる。

プログラム言語で記述されたものをコンピュータが理解できる言語（機械語）に変換するプログラムを**言語プロセッサ**という。言語プロセッサは，大きく3つの種類がある。

- ①**コンパイラ**…… プログラムすべてをまとめて機械語に翻訳し，実行する。文法エラーがある間は実行することはできない。
- ②**インタプリタ**… プログラムを1行ずつ機械語に解釈し，実行を繰り返す。エラーがある箇所までは実行できる。
- ③**アセンブラ**…… アセンブリ言語を機械語に翻訳する。

(3)入力データのチェック方法

プログラムに入力されるデータが正しいとは限らない。このため，データに誤りがないか調べることがある。基本的な検査方法は次のとおりである。

- ①**シーケンスチェック**………… 降順または昇順といったデータが，順番どおり並んでいるか検査する。
- ②**リミットチェック**…………… 「月」が1～12の間になっているかなど，データが決められた上限および下限に収まっているか検査する。
- ③**トータルチェック**…………… プログラムで合計した値と手計算で合計した値が一致するか検査する。
- ④**ニューメリックチェック**…… データが数値かどうか検査する。
- ⑤**チェックディジットチェック** データをもとに，計算で求めた検査数字（チェックディジット）をデータに付加しておく。データを入力したときに，同様の計算を行い，正しいデータか検査する。

2 変数

学習のポイント

キーワード

▶変数の種類

□ グローバル変数

□ ローカル変数

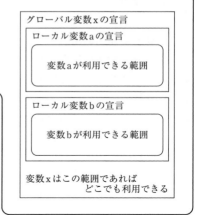

グローバル変数xの宣言

ローカル変数aの宣言

変数aが利用できる範囲

ローカル変数bの宣言

変数bが利用できる範囲

変数xはこの範囲であれば
どこでも利用できる

(1)変数

　プログラムの中で，計算結果の記憶などデータの一時的な記憶に利用する記憶領域のこと。名前（変数名）を付けて利用する。プログラム全体で利用できる**グローバル変数**と，指定した一部分でのみ利用できる**ローカル変数**の２種類がある。

練習 1

次の説明文に最も適した答えを解答群から選び，記号で答えなさい。

1. プログラムの誤りを訂正する作業のこと。
2. コンピュータが計算した結果と，手計算で行った結果が同一か検査すること。
3. プログラムを一括で翻訳してから実行する言語プロセッサ。
4. オブジェクト指向言語で，さまざまな端末で利用されているプログラム言語。
5. プログラムを１行ずつ解釈と実行を繰り返す言語プロセッサ。

　解答群

ア．インタプリタ　　イ．機械語　　ウ．Java　　エ．テストラン

オ．リミットチェック　カ．デバッグ　　キ．C言語　　ク．コンパイラ

ケ．トータルチェック　コ．文法エラー

1		2		3		4		5	

練習 2

次の説明文に最も適した答えを解答群から選び，記号で答えなさい。

1. アセンブリ言語を機械語に変換するプログラム。
2. 入力されるデータが順番どおりに並んでいるか調べること。
3. 入力されたプログラムを機械語に変換する作業のこと。
4. Unixの開発に利用され，移植性に優れているプログラム言語。
5. プログラムが正しく動作するか確認するために，確認用のデータを用意して実行すること。

　解答群

ア．アセンブラ　　イ．テストラン　　　ウ．文法エラー　　エ．リミットチェック

オ．デバッグ　　　カ．シーケンスチェック　キ．翻訳　　　　ク．インタプリタ

ケ．C言語　　　　コ．コンパイラ

1		2		3		4		5	

次のA群の語句に最も関係の深い説明文をB群から選び，記号で答えなさい。

〈A群〉 1. アセンブリ言語　　　 2. 機械語　　　 3. ニューメリックチェック
　　　　 4. 論理エラー　　　　 5. リミットチェック

〈B群〉
　　ア．プログラム上の誤りを修正する作業のこと。
　　イ．データが順番どおりに並んでいるか調べること。
　　ウ．機械語に近い表記をすることができるプログラム言語。
　　エ．0～100が範囲の点数データなど，その上限や下限内で入力されているか調べること。
　　オ．データが数値かどうか調べること。
　　カ．スペルミスなどのプログラム上の間違いのこと。
　　キ．プログラム開発の最終段階として，実際の環境に近い状態でプログラムを実行すること。
　　ク．コンピュータが直接理解できる言語。
　　ケ．検査用のデータを付加して，データが正しいか調べること。
　　コ．文法は正しいが，計算順序の誤りなどのこと。

1		2		3		4		5	

次の説明文に最も適した答えを解答群から選び，記号で答えなさい。

1. 内容が変化するデータを一時的に記憶しておく領域のこと。
2. 計算結果などを記憶する領域で，プログラムのどこからでも利用できる。
3. a＝a＋1をa＝a－1としてしまうような誤り。
4. StringをStrongとしてしまうような誤り。
5. 計算結果などを記憶する領域で，プログラムの指定した範囲でのみ利用できる。

---解答群---
　　ア．論理エラー　　　　　 イ．文法エラー　　　　　 ウ．グローバル変数
　　エ．変数　　　　　　　　 オ．ローカル変数

1		2		3		4		5	

1 次の説明文に最も適した答えを解答群から選び，記号で答えなさい。

1. 機械語と1対1で対応しているプログラム言語。
2. プログラム中のどこからでも参照可能な変数。
3. 確認用のデータを利用し，プログラムに誤りがないか実行する作業。
4. 入力されるデータが順番どおりになっているか確認する作業。
5. コンピュータに入力されたプログラムを，機械語に変換する作業。

┌─ 解答群 ─────────────────────────────────┐
ア．アセンブリ言語　　　イ．ニューメリックチェック　　　ウ．テストラン　　　エ．翻訳
オ．ローカル変数　　　　カ．シーケンスチェック　　　　　キ．デバッグ
ク．C言語　　　　　　　ケ．コンパイラ　　　　　　　　　コ．グローバル変数
└──┘

1		2		3		4		5	

2 次の説明文に最も適した答えを解答群から選び，記号で答えなさい。

1. プログラムをコンピュータに入力するときに用いられる言語の総称。
2. 翻訳によって発見される，命令語のつづり間違いのこと。
3. プログラムの一部分でのみ利用できる変数。
4. プログラムを一括で機械語に変換するプログラムのこと。
5. 命令や機能を制限して，簡易的に実行できるプログラム言語。

┌─ 解答群 ─────────────────────────────────┐
ア．グローバル変数　イ．文法エラー　ウ．インタプリタ　エ．Java　　　　　オ．コンパイラ
カ．ローカル変数　　キ．アセンブラ　ク．簡易言語　　　ケ．プログラム言語　コ．論理エラー
└──┘

1		2		3		4		5	

3 次のA群の語句に最も関係の深い説明文をB群から選び，記号で答えなさい。

〈A群〉　1．言語プロセッサ　　2．トータルチェック　　3．チェックディジットチェック
　　　　4．翻訳　　　　　　　5．Java

〈B群〉
　　ア．テストランで見つかるエラーで，条件式の誤りなどのこと。
　　イ．データが定められた範囲内に収まっているか調べる方法。
　　ウ．ソースコードとよばれるプログラム言語で作成したプログラムを，実行可能形式に変換すること。
　　エ．データが降順または昇順になっているか調べる方法。
　　オ．オブジェクト指向型の言語であり，幅広い用途で開発できるプログラム言語。
　　カ．検査用の数字を付加して，入力された値が正しいか調べる方法。
　　キ．コンピュータに作業をさせるための指示をまとめたもの。
　　ク．入力したプログラムを機械語に変換するプログラムの総称。
　　ケ．プログラムで合計された値が正しいか調べる方法。
　　コ．コンピュータが理解できる言語で，2進数で表現される。

1		2		3		4		5	

4 次の説明文に最も適した答えをア，イ，ウの中から選び，記号で答えなさい。

1. 言語プロセッサのうち，プログラムを1行ずつ解釈と実行を繰り返すもの。
　　　　ア．インタプリタ　　　　　　イ．アセンブラ　　　　　ウ．コンパイラ
2. プログラムのどこからでも参照可能な変数。
　　　　ア．ローカル変数　　　　　　イ．コンパイル　　　　　ウ．グローバル変数
3. オブジェクト指向の言語で，さまざまなコンピュータで実行可能なプログラムを作れる。
　　　　ア．C言語　　　　　　　　　イ．Java　　　　　　　　ウ．簡易言語
4. 入力データのチェックで，決められた値以下か調べること。
　　　　ア．トータルチェック　　　　イ．リミットチェック　　ウ．ニューメリックチェック
5. テストランなどで見つかったプログラムの誤りを正す作業のこと。
　　　　ア．文法エラー　　　　　　　イ．論理エラー　　　　　ウ．デバッグ

1		2		3		4		5	

5 次の説明文に最も適した答えをア，イ，ウの中から選び，記号で答えなさい。

1. アセンブリ言語を機械語に翻訳する言語プロセッサ。
　　　　ア．コンパイラ　　　　　　　イ．アセンブラ　　　　　ウ．インタプリタ
2. プログラムに入力するデータが，エラーを起こさないようになっているかを確認すること。
　　　　ア．データチェック　　　　　イ．言語プロセッサ　　　ウ．テストラン
3. データチェックの方法で，金額など数値のみの項目に文字列などが混ざっていないか確認すること。
　　　　ア．ニューメリックチェック　イ．シーケンスチェック　ウ．リミットチェック
4. 0と1で表現された言語で，コンピュータが唯一理解できる言語。
　　　　ア．アセンブリ言語　　　　　イ．C言語　　　　　　　ウ．機械語
5. 使用できる範囲が限定されている変数。
　　　　ア．グローバル変数　　　　　イ．ローカル変数　　　　ウ．簡易言語

1		2		3		4		5	

6 次の説明文に最も適した答えをア，イ，ウの中から選び，記号で答えなさい。

1. プログラムを実行できるが，正しい結果が出力されないエラーのこと。
　　　　ア．デバッグ　　　　　　　　イ．論理エラー　　　　　ウ．文法エラー
2. 計算で求めた検査用数字を利用し，入力データに誤りがないか調べる方法。
　　　　ア．シーケンスチェック　　　イ．トータルチェック　　ウ．チェックディジットチェック
3. Unix開発などに用いられた汎用性や移植性に優れるプログラム言語。
　　　　ア．C言語　　　　　　　　　イ．Java　　　　　　　　ウ．機械語
4. 機械語と1対1で対応している言語で，人間が理解できる記号などで記述されているもの。
　　　　ア．アセンブリ言語　　　　　イ．マクロ言語　　　　　ウ．言語プロセッサ
5. プログラム言語のルールに従っていないことにより起きるエラーのこと。
　　　　ア．論理エラー　　　　　　　イ．文法エラー　　　　　ウ．データチェック

1		2		3		4		5	

Part Ⅳ 知識｜編

Lesson 1 ハードウェア・ソフトウェア

1 ハードウェアの構成

　コンピュータを構成するハードウェアである内部装置や外部装置については，3級の分野で学習した。ここでは，コンピュータにデータを記憶する装置の構造や，マウスやキーボード以外からの入力装置について学習してみよう。

学習のポイント

キーワード

▶**磁気ディスク装置**
- □ 磁気ヘッド
- □ アクセスアーム
- □ セクタ
- □ トラック
- □ シリンダ

▶**データ入力装置**
- □ OCR
- □ OMR

▶**障害対策技術**
- □ UPS

▶**導入コスト**
- □ TCO（総保有コスト）
- □ イニシャルコスト
- □ ランニングコスト

▶**数値表現**
- □ 2進数の計算

（ⅰ）コンピュータ記憶装置

- インタフェースケーブル
- 外付け型ハードディスクドライブ
- 外付け型光磁気ディスクドライブ
- CD-ROM ドライブ
- 拡張ドライブベイ
- 内蔵型ハードディスクドライブまたは SSD

（ⅱ）データ入力装置

▲OCR 装置　　　　　▲OMR 装置

⑴磁気ディスク装置

　補助記憶装置の一つで，電源を切ると記憶内容が消えてしまう主記憶装置に対して，プログラムやデータを記憶しておくための装置である。

　補助記憶装置は，ワープロや表計算などのアプリケーションソフトウェアを記憶する装置でもある。記憶容量はギガ（G＝約1,000M）やテラ（T＝約1,000G）単位で表される。

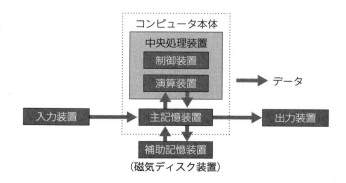

コンピュータ本体
- 中央処理装置
  - 制御装置
  - 演算装置
- 入力装置
- 主記憶装置
- 出力装置
- 補助記憶装置（磁気ディスク装置）
- → データ

⑵磁気ディスク装置の構成

　磁気ディスク装置は，金属やガラスを使用したディスク（円盤）に磁性体を塗り，磁気の変化によってデータを記憶する。磁気ディスク装置全体で，ディスクを1枚または複数枚使用する。ディスクの読み書きや記憶の方法，装置の構成は次のようになっている。

①ディスクの読み書き装置

- **磁気ヘッド**……… 　データを読み書きする部分。
- **アクセスアーム**……… 　磁気ヘッドを所定の位置まで移動させる装置。

▲磁気ヘッド

②ディスクの記録

- **セクタ**…………… 　トラックを20〜30に分割しデータを読み書きする最小単位の領域。
- **トラック**………… 　ディスク面にある同心円上の記憶領域。通常1面に100〜200トラックある。
- **シリンダ**………… 　磁気ヘッドが移動しないで読み書きできるトラックの集まり。

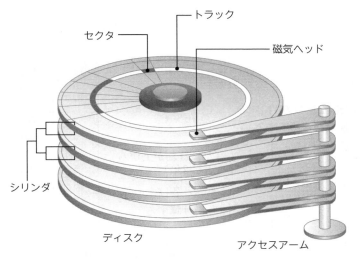

セクタ　トラック　磁気ヘッド　シリンダ　ディスク　アクセスアーム

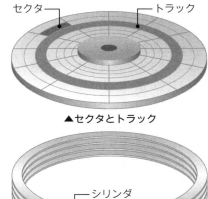

セクタ　トラック
▲セクタとトラック

シリンダ
▲シリンダ

⑶データ入力装置

　データ入力の技術に，用紙に書かれた文字やマークを光学的に読み取り，ソフトウェアによって編集可能なテキストデータ（文字コード）に変換する方法がある。これらのデータを読み取るための装置として，次のようなものが用いられる。

- **OCR（Optical Character Reader）**……… 　用紙に書かれた文字や数字，記号などを光学的に読み取る装置で，用途には医薬品や食品パッケージの日付・コード番号，郵便番号による仕分け，商品の仕分け，エレクトロニクス産業でのシリアル番号の読み取り等がある。
- **OMR（Optical Mark Reader）**……… 　マークシート用紙に鉛筆などで塗りつぶしたマークを光学的に読み取る装置で，各種のテストやアンケート調査など，データ量の多い場面で利用されている。

▲OCR（上）とOMR（下）

⑷障害対策技術

障害対策技術には次のようなものがある。

・UPS（Uninterruptible Power Supply）………　無停電電源装置とも
呼ばれ，停電時に一定の時間，電力を確保するための外部電源装置
のこと。停電時にUPSが電力を一定時間供給する間に，作成中の
文書を保存するなどの対応ができる。

⑸コンピュータシステムにかかる費用（コスト）

コンピュータシステムを新規に構築し運用する場合，ハードウェアやソフトウェアの購入費やシステム
開発費など，直接的な費用のほかに，さまざまな費用がかかる。費用にはイニシャルコストとランニング
コストの二つがあり，費用の総額をTCO（総保有コスト）という。コンピュータシステムを運用するとき
には，これらのコストのバランスを考えなくてはならない。

総保有コスト（TCO）	
・イニシャルコスト（初期コスト） 新規に構築し稼働するまでのコスト。 ○システムの開発費 ○ハードウェア・ソフトウェアの購入費 ○開発人件費	・ランニングコスト（運用コスト） 運用中に継続的にかかるコスト。 ○通信費，電気代 ○消耗品の購入費用 ○保守点検サービスメンテナンス費用

⑹2進数の計算

コンピュータ内部で扱う2進数の計算についてみてみよう。

①基数変換（復習）

【例題】10進数の20を
2進数に変換しなさい。

```
2) 2 0　余り
2) 1 0 … 0
2)　 5 … 0
2)　 2 … 1
2)　 1 … 0
　　 0 … 1
答え：1 0 1 0 0
```

【例題】2進数の11010を
10進数に変換しなさい。

$$2^4\quad 2^3\quad 2^2\quad 2^1\quad 2^0$$

重み
（左にけたが上がる
ごとに2倍）

||｜｜ ｜｜ ｜｜ ｜｜ ｜｜||

16　8　4　2　1

重みと各けたの値
を掛け算する。

×　×　×　×　×

1　1　0　1　0

↓　↓　↓　↓　↓

16　8　0　2　0

掛け算した答え
の和を求める。

$16 + 8 + 0 + 2 + 0 = 26$

答え：26

10進数	2進数
0	0000
1	0001
2	0010
3	0011
4	0100
5	0101
6	0110
7	0111
8	1000
9	1001

▲2進数と10進数

答え：26

参考　重みの表による計算方法（例題の別法）

❶　以下のような表を作成

16	8	4	2	1	計
					20

❷　足して「20」となる組み合わせに○

⑯	8	④	2	1	計
					20

❸　○の数字の下に「1」，ほかは「0」

⑯	8	④	2	1	計
1	0	1	0	0	20

答え：1 0 1 0 0

❶　以下のような表を作成

16	8	4	2	1	計
1	1	0	1	0	

❷　「1」の上の数字に○

⑯	⑧	4	②	1	計
1	1	0	1	0	

❸　○の数字を合計

⑯	⑧	4	②	1	計
1	1	0	1	0	26

答え：26

この計算方法で，
2進数の基数変換，
加算，減算，乗算が
可能となる。

② 2進数の加算・減算・乗算

【例題】2進数1011と2進数1110の和を10進数で答えなさい。

```
 ▼加算の基本式
     0       0       1       1
   + 0     + 1     + 0     + 1
   ─────   ─────   ─────   ─────
     0       1       1      10
                        けた上がり（キャリー）
```

```
 1 1 1    ←けた上がり
    1011          ※1＋1＝2
 +  1110             ↓
 ───────            10
   11001
```

　和は2進数の11001となるので，これを10進数に変換すると25になる。なお，このように，答えを最終的に10進数で求めるような計算の場合には，先に10進数に変換してから，「11 + 14」の10進数どうしの演算として計算してもよい。

```
                           （10進数）
 1  1  1
    1  0  1  1  ·····▶ 8 + 2 + 1   = 11
 +     1  1  1  0  ·····▶ 8 + 4 + 2   = 14
 ─────────────
 1  1  0  0  1  ·····▶ 16 + 8 + 1  = 25      答え：25
 ↓  ↓  ↓  ↓  ↓
 2⁴ 2³ 2² 2¹ 2⁰
 ‖  ‖  ‖  ‖  ‖
 16  8  4  2  1  ←  各けたの「重み」
```

【例題】2進数10101と2進数1011の差を10進数で答えなさい。

```
 ▼減算の基本式
                         けた借り（ボロー）
     0       1       1      10
   − 0     − 0     − 1     − 1
   ─────   ─────   ─────   ─────
     0       1       0      01
      上位のけたに1があれば，「けた借り」が生じる。
```

```
       ←けた借り
  10101
 −  1011
 ───────
   1010
```

※上位のけた借りをしたときは
　2 − 1 = 1の計算をする。

```
                   （10進数）
 1  0  1  0  1  ·····▶ 16 + 4 + 1   = 21
 −     1  0  1  1  ·····▶ 8 + 2 + 1   = 11
 ─────────────
 0  1  0  1  0  ·····▶ 8 + 2       = 10      答え：10
 ↓  ↓  ↓  ↓  ↓
 2⁴ 2³ 2² 2¹ 2⁰
 ‖  ‖  ‖  ‖  ‖
 16  8  4  2  1  ←  各けたの「重み」
```

【例題】2進数1101と2進数110の積を10進数で答えなさい。

```
 ▼乗算の基本式
     0       0       1       1
   × 0     × 1     × 0     × 1
   ─────   ─────   ─────   ─────
     0       0       0       1
```

```
                 1101
           ×      110
 けた上がり→ 1 1        0
               1101
              1101
           ──────────
            1001110
```

```
                       （10進数）
       1  1  0  1  ·····▶ 8 + 4 + 1     = 13
     ×     1  1  0  ·····▶ 4 + 2       = 6
 ─────────────
        1  1  0  1  0
 +   1  1  0  1
 ───────────────────
 1  0  0  1  1  1  0  ·····▶ 64 + 8 + 4 + 2 = 78      答え：78
 ↓  ↓  ↓  ↓  ↓  ↓  ↓
 2⁶ 2⁵ 2⁴ 2³ 2² 2¹ 2⁰
 ‖  ‖  ‖  ‖  ‖  ‖  ‖
 64 32 16  8  4  2  1  ←  各けたの「重み」
```

(1) 次の磁気ディスク装置の説明を読み，該当する語を記述しなさい。

　　1. ディスク表面のデータを読み書きする部分。

　　2. 磁気ヘッドを所定の位置まで移動させる部品。

　　3. トラックを分割し，データを読み書きする最小単位の領域。

　　4. ディスク面にある同心円上の記憶領域。

　　5. 磁気ヘッドが移動しないで読み書きできるトラックの集まり。

1		2		3		4		5	

(2) 次の説明に該当する語を記述しなさい。

　　1. 文字や数字，記号を光学的に読み取り，ディジタルデータとして入力する装置。

　　2. 用紙に鉛筆などで塗りつぶされたマークを光学的に読み取る装置。

　　3. プリンタの用紙やインク代，電気代などコンピュータシステムを運用するためにかかる費用。

　　4. ハードウェア・ソフトウェアを新規に購入・設置するための費用。

　　5. コンピュータシステムを購入し運用するための総費用。

　　6. 電池や発電機を内蔵し，停電などの電力トラブルが発生した際，コンピュータに電力を一定時間
　　　供給する装置。

1		2		3		4		5	
6									

(3) 次の計算をしなさい。

　　1. 2進数の1101と1011の和を表す10進数。

　　2. 2進数の1110と10進数の10の差を表す2進数。

　　3. 2進数の11011と1101の差を表す10進数。

　　4. 2進数の1101と10進数の7の和を表す2進数。

　　5. 2進数の1011と10進数の3の積を表す2進数。

　　6. 2進数の1111と10進数の5の差を表す10進数。

　　7. 2進数の11001と1011の和を表す10進数。

　　8. 2進数の111と100の積を表す10進数。

1		2		3		4	
5		6		7		8	

〈計算スペース〉

2 ソフトウェアに関する知識

コンピュータは，ハードウェアとソフトウェアの二つの要素から構成されている。ソフトウェアは，ハードウェアを有効に利用するため，さまざまな用途向けに高度な機能の開発が進められている。ここでは，ディスプレイへの表示やカラー印刷，ファイルの種類や保存方法について学習してみよう。

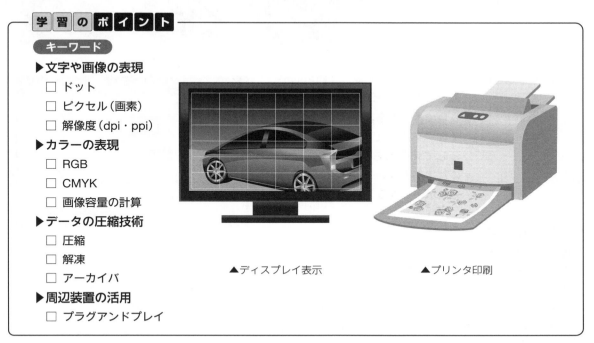

学習の ポイント

キーワード

▶**文字や画像の表現**
- □ ドット
- □ ピクセル（画素）
- □ 解像度（dpi・ppi）

▶**カラーの表現**
- □ RGB
- □ CMYK
- □ 画像容量の計算

▶**データの圧縮技術**
- □ 圧縮
- □ 解凍
- □ アーカイバ

▶**周辺装置の活用**
- □ プラグアンドプレイ

▲ディスプレイ表示　　　　　▲プリンタ印刷

(1)文字や画像の表現

プリンタやディスプレイでは，文字や画像をどのように表現しているのだろうか。それぞれの特徴を見てみよう。

- **ドット**…………… プリンタやディスプレイで文字や画像を表示する最小単位となっている点のこと。文字や画像はこのドットの集まりで表現される。

- **ピクセル（画素：pixel）**……… ディスプレイ装置に表示される絵や写真などのディジタル画像は，色の情報を持った小さな四角形の点の集まりによって構成されている。この画像の最小単位である点を**ピクセル**または**画素**という。一つひとつのピクセルが個々に色の情報を持っている。

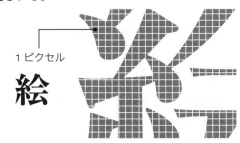

1ピクセル

(2)解像度

プリンタの印刷性能やディスプレイの表示能力などの，きめ細かさや画質の滑らかさを表す尺度を**解像度**という。

- **dpi（dots per inch）**……… 解像度の単位で，画像のドット（点）の密度を表す。1インチ（約2.5cm）の中に何個のドットを表現できるかを示す。プリンタやイメージスキャナの性能を示す単位として用いられ，一般にこの値が高いほど鮮明な画像の表現が可能となる。

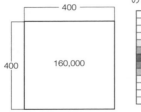

72dpi の画像
1インチあたり「72 個」
のドットで表現されている。

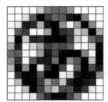

200dpi の画像
1インチあたり「200 個」
のドットで表現されている。

400dpi の画像
1インチあたり「400 個」
のドットで表現されている。

▲解像度による表現力の違い

・ppi（pixel per inch）………　1インチ（約2.5cm）の中に何個のピクセル（画素）を表現できるかを表す単位。液晶ディスプレイの表示密度を表す単位として使われることが多い。ppiの数字が大きいと，きめ細かな色の表示ができる。

(3)画像容量の計算

色情報を含む画像の情報量は次の手順で求める。

①画像の横・縦の大きさから総ピクセル数を求める。

②1ピクセルあたりの色表現に必要なビット数を掛けて総ビット数を求める。

③求めた値はビットからバイト（B）へ単位を換算する。（8ビット＝1バイト（B））

解像度はビットで表記されるが，情報量はバイトで表す。

【例題】1画面が，横1,024ピクセル，縦768ピクセルのディスプレイ装置に，フルカラー（24ビットカラー）で画像を表示させるために必要な記憶容量（MB）を求めなさい。ただし，1MB ＝ 1,000,000Bとする。

　　　　ア．約18.9MB　　　　　　イ．約4.0MB　　　　　　ウ．約2.4MB

〈解答例〉

画像容量 ＝ 横方向画素数 × 縦方向画素数 × 1画素あたりのビット数 ÷ 8（ビット）

　　　　 ＝ 1,024 × 768 × 24 ÷ 8（ビット）

　　　　 ＝ 786,432 × 24 ÷ 8（ビット）

　　　　 ＝ 2,359,296（B）

　　　　 ＝ 約2.4（MB）………ウ

【例題】ディジタルカメラで，横1,600ピクセル，縦1,200ピクセル，フルカラー（24ビットカラー）で撮影した画像の記憶容量（MB）を求めなさい。ただし，1MB ＝ 1,000,000Bとする。

　　　　ア．約46MB　　　　　　イ．約5.8MB　　　　　　ウ．約1.9MB

〈解答例〉

画像容量 ＝ 横方向画素数 × 縦方向画素数 × 1画素あたりのビット数 ÷ 8（ビット）

　　　　 ＝ 1,600 × 1,200 × 24 ÷ 8（ビット）

　　　　 ＝ 1,920,000 × 24 ÷ 8（ビット）

　　　　 ＝ 5,760,000（B）

　　　　 ＝ 5.76（MB）

　　　　 ＝ 約5.8（MB）………イ

【例題】解像度600dpiのイメージスキャナで，横10cm，縦7.5cmの写真を，256色（8ビットカラー）で取り込んだときの記憶容量（MB）を求めなさい。ただし，1インチ＝2.5cm，1MB＝1,000,000Bとする。

　　　　　ア．約4.3MB　　　　　　　　　イ．約12MB　　　　　　　　ウ．約34.6MB

〈解答例〉

　イメージスキャナの解像度はdpiで示されているため，取り込む画像の横，縦の大きさの単位（cm）をインチに変換する。

　　横：10（cm）÷ 2.5 ＝ 4（インチ）

　　縦：7.5（cm）÷ 2.5 ＝ 3（インチ）

　　画像容量 ＝（解像度 × 横）×（解像度 × 縦）× 1画素あたりのビット数 ÷ 8（ビット）

　　　　　　 ＝（600 × 4）×（600 × 3）× 8 ÷ 8（ビット）

　　　　　　 ＝ 2,400 × 1,800（B）× 8 ÷ 8

　　　　　　 ＝ 4,320,000（B）

　　　　　　 ＝ 4.32（MB）

　　　　　　 ＝ 約4.3（MB）………ア

(4) カラーの表現

　高画質のディスプレイ，あざやかな写真を印刷できるプリンタなどでは，どのようにして色を表現しているのだろうか。それぞれの特徴を見てみよう。

①ディスプレイでの色の表現

・光の三原色（RGB）………　ディスプレイで色を表現するときには，赤（Red）・緑（Green）・青（Blue）の三色の組み合わせですべての色を表現する。さらに，バックライトを調整することでそれぞれの明るさにより，異なる色合いが表示される。

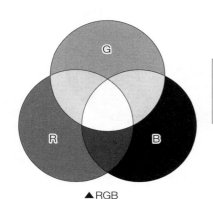

R	（Red）	：赤
G	（Green）	：緑
B	（Blue）	：青

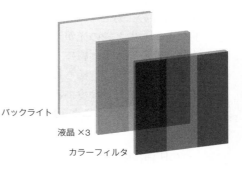

バックライト

液晶×3

カラーフィルタ

▲RGB　　　　　　　　　　　　　　　　　　　　▲液晶ディスプレイの構造（1ピクセル）

・色の情報量………　画像を白黒やカラーで表現するために必要とする色の情報量はビット数で表され，ピクセルの数と色の数によって計算される。

色数		情報量	カラーモード
2色	2^1	1ビット	白か黒の2色
⋮	⋮	⋮	
256色	2^8	8ビット	インデックスカラー（indexed color）
⋮	⋮	⋮	
65,536色	2^{16}	16ビット	ハイカラー（high Color）
⋮	⋮	⋮	
16,777,216色	2^{24}	24ビット	フルカラー（full Color）

②プリンタでの色の表現

- **色の三原色（CMYK）**……… プリンタでは，藍色（Cyan），赤紫色（Magenta），黄色（Yellow）の配合比率を変化させて，すべての色を表現する。CMYの三色の組み合わせでも，すべての色を表現できるが，黒を美しく印刷するために，原色の黒（Key plate）が加えられている。

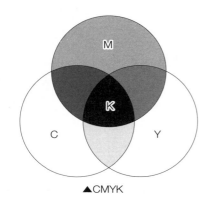

C（Cyan） ：シアン	（藍色）
M（Magenta）：マゼンタ	（赤紫色）
Y（Yellow） ：イエロー	（黄色）
K（Key plate）：キープレート（ブラック）	（黒色）

▲CMYK

■コラム 光の三原色

赤（R），緑（G），青（B）を光の三原色と呼ぶが，光の三原色は絵の具やインクの三原色とは異なる。インクの場合は藍色（C），赤紫色（M），黄色（Y）を重ねると黒になってしまうのに対して，光の場合は重ねると白になる。赤と緑の光が重なると黄に，緑と青の光が重なると藍に，青と赤の光が重なると赤紫になる。そして，赤，青，緑の光が重なると白になる。この性質を利用して光の色を合成することを**加色法**という。

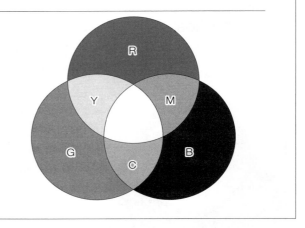

---

(5)データの圧縮技術

画像の表現では，色の種類や解像度の違いによって，扱う情報量は増加していくことになる。また，音声や動画では，さらに情報量が増加し，画像と比較して数十倍の容量になる。

- **圧縮・解凍**……… インターネットで画像や動画を利用するとき，あまりにも大きな容量ではデータ転送に時間がかかり，効率的な利用ができない。そのためデータの意味をまったく変えないか，またはほぼ等しい状態にしたまま，データサイズを小さく変換する技術を用いる。これを**圧縮**という。ファイル全体の記憶容量を減らすことによって記憶媒体を効率よく利用したり，ファイルをダウンロードする際の時間を短縮することができる。逆に圧縮したファイルやデータは元に戻して利用される。これを**解凍**という。
- **アーカイバ**……… 画像のデータと，ワープロ文書や表計算のデータなどを，一つにまとめて圧縮することができる。このように複数の異なるデータを一つにまとめて圧縮するソフトウェアを**アーカイバ**という。アーカイバは，圧縮されたデータを解凍したり，一つにまとめたデータから元のデータを取り出す機能も持っている。

⑹周辺装置の活用

- **プラグアンドプレイ**……… コンピュータに新しいハードウェアを追加すると，OSが自動的に最適な設定を行う機能のこと。接続（プラグ）するとすぐに使える（プレイ）ことから，さまざまなデバイスに利用されている。

筆記練習 28

(1) 次の説明文に最も適した答えを解答群から選び，記号で答えなさい。

1. ディスプレイなどの表示に用いられる，色情報を持った画面を構成する最小単位の点。
2. 液晶ディスプレイ上などで，色の組み合わせで色を再現するためのもととなる光の3原色。
3. 解像度の単位で1インチの中に何個のピクセルを表現できるかを示す単位。
4. プリンタに出力される文字や画像のカラーを構成する色の表現法の一種。
5. テキストデータや画像データをまとめて圧縮するソフトウェア。
6. ハードウェアを接続するだけで，自動的にドライバをインストールするしくみ。

```
┌─ 解答群 ──────────────────────────────────────┐
│ ア．アーカイバ        イ．TCO            ウ．ドット      │
│ エ．ピクセル（画素）    オ．dpi            カ．ppi        │
│ キ．RGB             ク．CMYK           ケ．圧縮       │
│ コ．解凍            サ．プラグアンドプレイ              │
└──────────────────────────────────────────────┘
```

1		2		3		4		5		6	

(2) 次の計算をしなさい。

1. ディジタルカメラで，横640ピクセル，縦480ピクセル，フルカラー（24ビットカラー）で撮影した画像の記憶容量（KB）を小数第1位まで求めなさい。ただし，1KBは10^3Bとし，画像は圧縮しないものとする。
2. 解像度300dpiのイメージスキャナで，横15cm，縦10cmのイラストを，256色（8ビットカラー）で取り込んだときの記憶容量（MB）を小数第2位まで求めなさい。ただし，1インチ＝2.5cm，1MBは10^6Bとし，画像は圧縮しないものとする。
3. ディスプレイの解像度が1,366×768のとき，フルカラー（24ビット）で表示させるために必要な記憶容量（MB）を求めなさい。ただし，1MBは10^6Bとし，小数第1位まで求めるものとする。
4. ディジタルカメラで，1,200×1,000ドット，1ドットあたり24ビットのフルカラーで撮影した10枚の画像を半分に圧縮した場合の記憶容量（MB）を求めなさい。ただし，1MBは10^6Bとする。

1		2		3		4	

〈計算スペース〉

⑶ 次の説明に該当する語を記述しなさい。

1. プリンタに出力された文字や画像を構成する最小の要素である点。
2. コンピュータのディスプレイ装置などの，色情報を持った画面を構成する最小単位の点。
3. ディスプレイの表示能力やプリンタの印刷性能などのきめ細かさや画質の滑らかさを表す尺度。
4. 1インチ（約2.5cm）の中に何個のドットを表現できるかを示す単位。
5. 1インチ（約2.5cm）の中に何個のピクセルを表現できるかを示す単位。
6. ディスプレイ装置やディジタルカメラなどで画像を表現する際に使用される光の3原色。
7. プリンタに出力される文字や画像のカラーを構成する色の表現方法。
8. データの内容を保ったまま，データ容量を小さく変換すること。
9. データサイズが小さく変換されたデータを，元のデータに戻すこと。
10. 複数のファイルを一つにまとめて圧縮したり，解凍したりするソフトウェアのこと。
11. USBメモリなどをコネクタに差し込むと自動的にドライバをインストールする機能。

1		2		3		4	
5		6		7		8	
9		10		11			

⑷ 次の説明文に最も適した答えをア，イ，ウの中から選び，記号で答えなさい。

1. インターネットを利用するとき，大きな容量のデータを転送するのには時間がかかり非効率である。そのため，データの内容を変更することなく，サイズを小さくして用いる。

　　ア．スクロール　　　イ．圧縮　　　　ウ．解凍

2. 複数の異なるデータを一つにまとめるためのソフトウェア。圧縮されたデータを解凍することや，一つにまとめたデータから元のデータを取り出す機能も持っている。

　　ア．ピクセル　　　イ．アーカイバ　　　ウ．CMYK

3. コンピュータなどで，色を表現する際に使われる赤・緑・青の3つの光の組み合わせ。

　　ア．CMYK　　　イ．ppi　　　ウ．RGB

1		2		3	

3 ディレクトリとファイル

ファイルとは，記憶装置に記録されたデータのまとまりをいい，オペレーティングシステム（OS）が，データをファイル単位で管理する。ここでは，ファイル形式の種類や標準化，文字コードなどについて学習してみよう。

学習の ポイント

キーワード

▶**ディレクトリ**
- □ ルートディレクトリ
- □ サブディレクトリ

▶**ファイル**
- □ 拡張子
- □ ワイルドカード（＊ ？）
- □ テキストファイル
- □ バイナリファイル
- □ ファイル形式　BMP・JPEG・GIF・PNG・MPEG・MIDI・MP3・CSV・PDF・ZIP

▶**情報関連規格**
- □ 標準規格　ISO・JIS・ANSI・IEEE
- □ 文字コード　JIS コード・ASCII コード・Unicode

名前	種類	サイズ
静止画像.jpg	JPG ファイル	96 KB
静止画像.png	PNG イメージ	345 KB
動画.mpeg	ムービー クリップ	25,631 KB
文書.pdf	Adobe Acrobat Document	179 KB

---

(1)ファイルの共有

ファイルを共通の保存場所に記憶すると，ネットワークを利用して複数の人がファイルにアクセスすることができる。このような利用形態を**ファイル共有**という。

(2)ファイルの効率的な管理

同じ場所にファイルを保存していくと，時間が経過するにしたがって多くのファイルが記録されることになる。記録したファイルを効率的に管理する方法として**フォルダ管理**がある。フォルダは**ディレクトリ**とも呼ばれ，次のような場所に整理して管理する。

- **ディレクトリ**………　ハードディスクなどの記憶装置で，ファイルを分類・整理するための保管場所のこと。WindowsやMacOSでは**フォルダ**と呼んでいる。
- **ルートディレクトリ**………　ツリー型ディレクトリ構造の最上層にあるディレクトリのこと。
- **サブディレクトリ**………　ルートディレクトリ以下のすべてのディレクトリをいい，サブディレクトリの中に，さらにサブディレクトリを作ることができる。

(3)ファイル形式の種類

ワープロや表計算など，アプリケーションのファイル形式のほかに，静止画，動画，音声に対応するファイル形式などがある。ファイルは大きくテキストファイルとバイナリファイルの二つの形式に分類される。

①ファイルの分類

- **テキストファイル**………　文字データだけで構成されたファイル。どのような機種のコンピュータでも共通して利用できるファイル形式の一つ。
- **バイナリファイル**………　画像や動画，音声を記録したファイルや，実行可能形式のプログラムを収めたファイルなど，テキストファイル以外のファイルのこと。

②ファイル名と拡張子

　WindowsなどのOSでは，コンピュータのデータは，ファイル単位で名前を付けて保存される。**ファイル名**の後に.（ドット）で区切られた文字列を**拡張子**といい，ファイルの種類を表している。ほとんどのアプリケーションソフトは，作成したファイルにそのソフト独自の拡張子を付けており，拡張子によってファイルの種類が判断できる。

名前	種類	サイズ
文書.pdf	Adobe Acrobat Document	179 KB
動画.mpeg	ムービー クリップ	25,631 KB
静止画像.png	PNG イメージ	345 KB
静止画像.jpg	JPG ファイル	96 KB
静止画像.gif	GIF イメージ	633 KB
静止画像.bmp	ビットマップ イメージ	2,037 KB
音楽.mp3	MP3 形式サウンド	4,730 KB
音楽.midi	MIDI シーケンス	4,018 KB
圧縮ファイル.zip	圧縮 (zip 形式) フォルダー	167,912 KB
データ.csv	Microsoft Excel CSV ファイル	2 KB

・**ワイルドカード（＊ ？）**……… 1文字または0文字以上の複数の文字の代わりを果たす，特別な文字のこと。データやファイルを検索するときなどに用いる。任意の1文字には半角文字の「？」，0文字以上の任意の文字列には半角文字の「＊」を用いる。

▼**検索例**

検索条件	該当都道府県名
？川	石川，香川
？？川	神奈川
＊川	神奈川，石川，香川
山？	山形，山梨，山口
＊山＊	山形，富山，山梨，和歌山，岡山，山口

③文書ファイル

・**CSV（Comma Separated Value format，拡張子：csv）**……… データの項目をコンマで区切り並べたファイル形式のこと。CSV形式のデータは，表計算ソフトやプログラムで使用することができる。基本的にテキストファイルであることから，さまざまなソフト間のデータ交換用に使われることが多い。

	A	B	C	D
1	S001	商品A	100	230
2	S002	商品B	200	20

・**PDF（Portable Document Format，拡張子：pdf）**……… AdobeSystems社によって開発された，電子文書のファイル形式である。コンピュータの機種やOSなどが違っていても，また，文書を作成するためのソフトウェアがなくても，文書を表示することができる。

目的	PDFソフト
PDF文書を作成する	Adobe Acrobat（有料）
PDF文書を表示する	Adobe Reader（無料）

④静止画像ファイル
- **BMP（Bit MaP，拡張子：bmp）**……… Windows標準の画像形式。画像を点の集まりで表現したファイル形式で，圧縮されていないためサイズが大きくなる。
- **JPEG（Joint Photographic Experts Group，拡張子：jpg）**……… 圧縮率は1／10～1／100程度で，写真などの画像を圧縮したファイル形式。元の画像に比べると劣化してしまう。
- **GIF（Graphic Interchange Format，拡張子：gif）**……… インターネット上で使用される圧縮画像のファイル形式。圧縮による画質の劣化はなく，256色で表現するためイラストに向いている。
- **PNG（Portable Network Graphics，拡張子：png）**……… 圧縮による劣化の少ないフルカラーを扱えるファイル形式。JPEGやGIFに代わるファイル形式として開発された。

⑤動画ファイル
- **MPEG（Moving Picture Experts Group，拡張子：mpg，mpeg）**……… 音声を含むカラー動画を圧縮した動画ファイル形式。CDなどで使用されるMPEG-1規格，DVDなどで使用されるMPEG-2規格，携帯電話などで使われる高圧縮のMPEG-4規格がある。

⑥音声ファイル
- **MP3（MPEG AudioLayer-3，拡張子：mp3）**……… MPEG-1規格を利用して，高音質でデータを圧縮できる音声ファイル形式。
- **MIDI（Musical Instrument Digital Interface，拡張子：mid，midi）**……… シンセサイザなどのディジタル音源とパソコンを接続して，楽曲データをやり取りするための国際規格。音色，音程などのデータを送受信する手順が定められている。

⑦アーカイバ
- **ZIP（拡張子：zip）**……… Windows標準の圧縮形式。p.182のアーカイバソフトウェアとして世界の多くの国で使用されている。

コラム 拡張子とファイル形式

拡張子	ファイル形式	データの種類	特徴
txt	テキスト	文字	文字データだけで構成されたファイル。アプリケーションソフトウェア固有の情報をもたないため，互換性が高い。
csv			データをコンマ「，」で区切って並べたファイル形式。
htm	テキスト	Webページ	テキスト形式で記述されたWebページ記述言語のファイル形式。文書の中に画像や音声，動画，ほかの文書へのハイパーリンクなどを埋め込むことができる。
pdf	PDF	文書	アドビシステムズによって開発された，電子文書のファイル形式。
bmp	BitMap（BMP）	画像	ディスプレイのドット表示に対応したビットマップ（点の集合）の形でデータを保存する。
jpg	JPEG		写真などを少ない容量で記録できるフルカラー静止画像データの圧縮形式。
gif	GIF		256色以下の色を表現できるファイル形式。圧縮・伸張が可能である。
png	PNG		フルカラーを劣化なしで圧縮できたり，ピクセルごとに透明度を指定できる。
avi	AVI	動画	Windows標準の音声付きの動画ファイル形式。画像データと音声データを交互に記録している。圧縮されていないため画質はよいが，ファイルサイズが大きくなる。
mpg	MPEG		音声を含むカラー動画を圧縮して保存した動画ファイル。
mid	MIDI	音声	電子楽器などで音楽を演奏するための音程や音色などをデータとして保存する形式。
mp3	MP3		「MPEG-1 Audio Layer-3」形式で圧縮された音声データファイル。
wav	WAVE		Windows標準の音声データファイル。通常は圧縮されていないのでファイルサイズが大きい。
zip	ZIP	圧縮	ファイルを圧縮する方法の1つであるZIP形式によって圧縮されたファイル。

⑷標準化

　製品の生産性の向上やデータの互換性の確保など，データや情報技術を，世界のどの国でも共通して使用できるようにするため，各分野で**標準化**（規格化）が進められている。標準化によって品質が向上し，情報技術の発展が一層進められる。標準化の組織には次のようなものがある。

①国際標準

・**ISO（International Organization for Standardization）**……… 　国際標準化機構のことで，工業製品やその品質保証，科学技術に関する国際標準規格を制定している組織。

・**IEEE（Institute of Electrical and Electronics Engineers）**……… 　電気電子学会のことで，米国電気学会と無線学会が合併し，通信分野などの規格を定めている組織。
　　　　IEEE802.11で始まる番号は，スマートフォンなどの無線LANの規格。
　　　　IEEE1394は，ディジタルカメラなどとコンピュータを接続する規格。

②国内標準

・**JIS（Japanese Industrial Standards）**……… 　日本産業規格のことで，産業標準化法に基づいて，工業製品などについて定めた日本の国内規格。

③その他の標準

・**ANSI（American National Standards Institute）**……… 　アメリカ規格協会のことで，工業製品の統一と標準化を行うアメリカの非営利組織。

⑸文字コード

　コンピュータで使用する文字には，1文字ごとに2進数の文字コードが割り当てられている。代表的な文字コードには次のものがある。

・**JISコード**……… 　JISで定めた文字コードの規格で，漢字を含まない1バイトのコードと，漢字を含んだ2バイトのコードがある。下の図は1バイトのコード表の一部で，数字の1は00000001，カタカナのアは00110001で割り当てられている。

16進数 2進数		0 0000	1 0001	2 0010	3 0011	4 0100	5 0101	6 0110	7 0111	8 1000	9 1001	a 1010	b 1011	c 1100	d 1101	e 1110	f 1111
	下位4ビット																
上位4ビット	0 0000	0	1	2	3	4	5	6	7	8	9	10	11	12	13	14	15
	1 0001	16	17	18	19	20	21	22	23	24	25	26	27	28	29	30	31
	2 0010	32	33 。	34 「	35 」	36 、	37 ・	38 ヲ	39 ア	40 イ	41 ウ	42 エ	43 オ	44 ヤ	45 ユ	46 ヨ	47 ッ
	3 0011	48 ー	49 ア	50 イ	51 ウ	52 エ	53 オ	54 カ	55 キ	56 ク	57 ケ	58 コ	59 サ	60 シ	61 ス	62 セ	63 ソ
	4 0100	64 タ	65 チ	66 ツ	67 テ	68 ト	69 ナ	70 ニ	71 ヌ	72 ネ	73 ノ	74 ハ	75 ヒ	76 フ	77 ヘ	78 ホ	79 マ
	5 0101	80 ミ	81 ム	82 メ	83 モ	84 ヤ	85 ユ	86 ヨ	87 ラ	88 リ	89 ル	90 レ	91 ロ	92 ワ	93 ン	94 ゛	95 ゜

・**ASCIIコード（American Standard Code for Information Interchange code）**……… 　ANSIが定めた文字コードの規格で，7ビットコードと誤り検査用の1ビットで構成されている。1文字は7ビット（128種）で表現され，94種がアルファベット，数字，記号などの文字に，残り34種が制御コードに定義されている。

・**Unicode**………… 　世界中で使用されるすべての文字を共通のコードとして利用できるように，2バイト（16ビット）で規格されている文字コード。現在ではISO（国際標準化機構）の文字コードになっている。

(1) 次の説明文に最も適した答えを解答群から選び，記号で答えなさい。

1. シンセサイザなどの音源とパソコンを接続して楽曲データをやり取りするための国際規格。

2. 静止画像データの圧縮方式の一つで，1／10〜1／100まで圧縮することができる。写真などの圧縮に適している。

3. 音声を含む動画を圧縮して保存した動画ファイル形式。

4. 世界で最も使用されているファイル圧縮形式で，インターネット上におけるソフトウェアの配布などによく利用されている。

5. テキストファイルの一種で，データをコンマで区切って並べたファイル形式。異なるソフトウェア間のデータ交換用に使用される。

```
─解答群─
ア．JPEG        イ．BMP        ウ．CSV        エ．MPEG
オ．MP3         カ．MIDI       キ．PDF        ク．ZIP
```

1		2		3		4		5	

(2) 次の説明文に最も適した答えをア，イ，ウの中から選び，記号で答えなさい。

1. 各国で独自に使われている文字コードを国際的に標準化する目的で作成されたコード。
    ア．ASCIIコード   イ．Unicode   ウ．JISコード

2. 工業製品や科学技術に関する国際標準規格を制定している組織。
    ア．ANSI   イ．IEEE   ウ．ISO

3. アプリケーションソフトウェアで作成したファイルや画像，音声等を記録したファイル。
    ア．アーカイバ   イ．テキストファイル   ウ．バイナリファイル

4. コンピュータの機種やOS，使用環境に依存せずに閲覧できる電子文書のためのフォーマット。テキスト以外に写真やイラストなどで構成された文書も，専用のソフトウェアを利用することで見ることができる。
    ア．ZIP   イ．PDF   ウ．CSV

5. 電気・電子分野における世界最大の学会で，特にLANの規格について標準化を進め，無線LANや公衆無線LANの規格についても研究を進めている。
    ア．IEEE   イ．ISO   ウ．JIS

6. 非可逆圧縮の圧縮規格で，特に写真などの圧縮に用いられる形式。高い圧縮率を持つが，拡大したときに元の画像と比較して劣化が目立つのが特徴。
    ア．PNG   イ．MPEG   ウ．JPEG

1		2		3		4		5		6	

（3）　次の説明に該当する語を記述しなさい。

1. ファイルの種類を識別する目的で使われる，ファイル名の後ろに置かれる文字列。
2. ファイルを検索する際に，任意の文字列や1つの文字の代用として使うことのできる特別な文字。
3. あらゆる機種のコンピュータで利用できる，文字データのみで構成されたファイル。
4. 実行形式のプログラムファイルなど，文字として読み込むことのできない形式のファイル。
5. Windows標準の画像形式で，画像を点の集まりで表現したファイル形式。
6. フルカラーで扱うことのできる，静止画像を非可逆圧縮して記録するファイル形式。
7. インターネット上で使用される圧縮画像のファイル形式。画質の劣化なく，256色で表現する。
8. 圧縮による劣化の少ないフルカラーを扱えるファイル形式。
9. 動画や音声データを圧縮して保存したファイル。用途により数種類の規格がある。
10. シンセサイザを搭載する電子楽器をコンピュータに接続して，演奏情報のデータを送受信するための国際規格。
11. MPEG-1規格を利用して，高音質でデータを圧縮できる音声ファイル形式。
12. データをコンマで区切って並べたファイル形式。データ交換などに用いられるテキストファイルの一種。
13. 専用のソフトウェアを利用することで，コンピュータの機種や使用環境に依存せずに閲覧できる電子文書のためのフォーマット。
14. 複数のファイルを一つのファイルとしてまとめて圧縮することができる，世界中でもっとも広く利用されるファイル圧縮形式。
15. ハードディスクなどの記憶装置で，ファイルを分類・整理するための保管場所。
16. ファイルを階層構造で管理する際の最上位のディレクトリ。
17. ファイルを階層構造で管理するとき，最上位のディレクトリの下位に作成されるすべてのディレクトリ。
18. 情報処理システムや工業製品における技術の発達・標準化を進めることを目的として設立された国際標準化機構。
19. 日本国内における工業製品などの標準規格。
20. アメリカ国内における工業製品の標準化・規格化を行っている団体。
21. アメリカに本部を持つ，電気・電子分野における世界規模の学会。
22. JISで定めた文字コードの規格で，漢字を含んだ2バイトのコード。
23. アメリカの規格協会が定めたアメリカにおける標準の文字コード。
24. 世界中の多くの文字を表現するために作られた国際標準の共通文字コード。

1		2		3		4	
5		6		7		8	
9		10		11		12	
13		14		15		16	
17		18		19		20	
21		22		23		24	

Lesson ❷ 通信ネットワーク

1 ネットワークの構成

　インターネットなどは，外部の通信回線を使用してネットワークに接続する場合が多い。ここでは，通信回線の種類，接続の方法について学習してみよう。

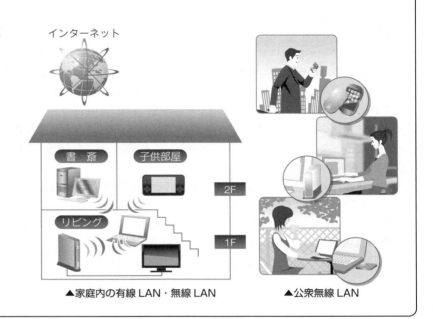

学習の ポイント

キーワード

▶**通信回線とデータ形式**
- □ アナログ回線
- □ ディジタル回線
- □ パケット

▶**通信回線の種類**
- □ LAN
- □ 有線LAN
- □ 無線LAN
- □ Wi-Fi
- □ SSID
- □ テザリング

インターネット

▲家庭内の有線 LAN・無線 LAN　　　　▲公衆無線 LAN

(1)通信回線とデータ形式

- **アナログ回線**………　電話回線のアナログ信号は，音の振幅のようにデータを連続的な波形で表す。音声などのアナログ信号が流れる通信回線のこと。
- **ディジタル回線**………　コンピュータは，「0」と「1」のディジタル信号で情報をやり取りする。こうしたディジタル信号が流れる通信回線のこと。ディジタル回線では，音声はアナログ信号からディジタル信号に変換して伝送される。

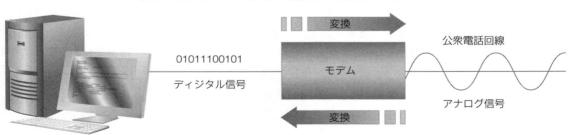

変換

公衆電話回線

01011100101

ディジタル信号

モデム

アナログ信号

変換

- **パケット**…………　インターネットでは，通信データを**パケット**という形にして通信している。パケットとは，送信先のアドレスなどの制御情報を付加したデータの小さなまとまりをいう。データをパケットに分割して送受信することで，ある2地点間の通信に別々のルートを使用して，通信回線を効率よく利用することができる。また，自由に経路選択が行えるため，一部に障害が出てもほかの回線で代替できる利点もある。

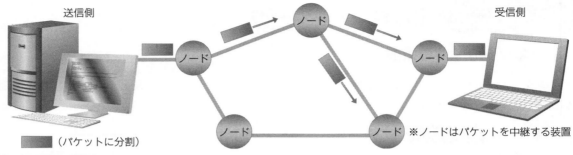

送信側
受信側
ノード
ノード
ノード
ノード
ノード

■（パケットに分割）
※ノードはパケットを中継する装置

(2)通信回線の種類

①LAN

Local Area Network（ローカル・エリア・ネットワーク）の略で，限られた狭い範囲の構内ネットワークを意味している。最近では，家庭に複数台のコンピュータがあり，有線や無線で利用されるケースもある。会社だけでなく，こうした家庭内のネットワークもLANに含まれる。

②有線LAN

室内や建物内のLANを通信ケーブルで結ぶもの。有線LANの通信規格としては，イーサネットが事実上の標準規格となっており，通信ケーブルとしてLANケーブルが用いられることが多い。

③無線LAN

室内や建物内のLANを電波による無線通信で結ぶもの。最近では，宅内の無線LANだけではなく，公衆無線LANやWi-Fiスポットのような，安価または無料でWi-Fiに接続できるサービスも増えている。また，モバイルWi-Fiルータのように，Wi-Fi環境を持ち歩くこともできる。

Pocket Wi-Fi などの
モバイル無線 LAN ルータ

ノートパソコン　携帯ゲーム機
アクセスポイントを探さ
なくても接続可能

通信会社の通信網

・**Wi-Fi（Wireless Fidelity）**……… 無線LAN機器が，標準規格であるIEEE802.11シリーズに準拠しているブランド名のこと。他社製品との相互接続性などに関する試験をパスした装置に，ロゴの表示などが許可されている。ロゴが添付された製品間であればメーカーが違っても組み合わせての使用が保証される。

・**SSID（Service Set IDentifier）**……… IEEE802.11シリーズの無線LANにおける，アクセスポイントの識別子のこと。無線LANは電波で通信するため，有線LANと違って複数のアクセスポイントと混信状態が生じる可能性がある。このため，無線LANのアクセスポイントと各端末には，混信を避けるために最大32文字までの英数字を自由に設定できるSSIDを設定することで，一致する端末のみで通信を行えるようになる。

自動的にアクセスポイントAからアクセスポイントBへ変更

アクセスポイント A
SSID：ABCD

アクセスポイント B
SSID：ABCD

無線 LAN クライアント A
SSID：ABCD

場所を移動

・テザリング……… 　携帯電話回線に接続されていない端末でインターネットを利用するときには，ルータなどの通信接続機器が必要であったが，スマートフォンなど，通信できる契約を持つ端末をルータのように活用することで，インターネットを利用できる。このような形態を**テザリング**という。スマートフォンなどとUSBケーブルで接続して利用する方法とBluetoothで接続して利用する方法がある。

スマートフォン

ノートパソコン　携帯ゲーム機

スマートフォンが Wi-Fi ルータの機能をもってインターネットに接続

筆記練習　30

(1)　次の説明文に最も適した答えを解答群から選び，記号で答えなさい。
1.　LANケーブルなどを利用してデータの送受信を行うLANシステム。
2.　連続的なデータの変化を波形で表した信号が流れる通信回線。
3.　無線通信を利用してデータの送受信を行うLANシステム。
4.　携帯電話回線に接続しているモバイルPCなどを，ルータの代わりとして他の端末に接続し，インターネットに接続する利用形態。

　解答群
ア．有線LAN　　　イ．パケット　　　　ウ．無線LAN　　　　エ．アナログ回線
オ．ディジタル回線　カ．SSID　　　　　キ．テザリング

1		2		3		4	

(2)　次の説明に該当する語を記述しなさい。
1.　電話回線のように，音声やデータを連続性のある信号でやり取りする通信回線。
2.　データを0と1の数値化した信号でやり取りする通信回線。
3.　通信において，送信先のアドレスなどの制御情報を付加されたデータの小さなまとまりのこと。
4.　オフィスや工場，学校など，特定の限られた建物や敷地内におけるネットワーク。
5.　LANをLANケーブルなどの通信ケーブルで結ぶもの。
6.　LANを電波による無線通信で結ぶもの。
7.　他社製品との互換性が検証された無線LAN製品に与えられるブランド名。
8.　IEEE802.11シリーズの無線LANにおけるアクセスポイントの識別子。
9.　スマートフォンなどをルータのように活用することで，インターネットを利用できるしくみのこと。

1		2		3		4	
5		6		7		8	
9							

2 ネットワークの活用

　情報通信ネットワークは，ビジネスや私たちの生活にさまざまなかたちで利用されている。ここでは，コンピュータシステムの形態や活用方法について学習してみよう。

学習のポイント

キーワード

▶**ネットワークの活用**
　□ ピアツーピア
　□ クライアントサーバシステム
　□ ストリーミング
　□ グループウェア

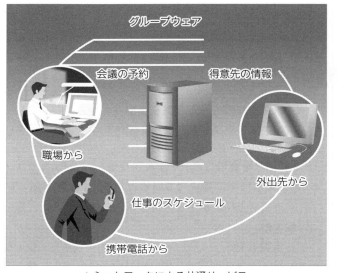

グループウェア

会議の予約　　　得意先の情報

職場から

外出先から

仕事のスケジュール

携帯電話から

▲ネットワークによる共通サービス

---

(1)コンピュータシステムの形態

　コンピュータシステムには，複数のコンピュータがさまざまな形態で接続されており，システムの活用方法や，目的に合わせた処理形態がある。最も基本的な形態として次のようなものがある。

・**ピアツーピア**………　コンピュータどうしが対等の関係にあり，資源や機能を互いに利用し合うシステム構成。サーバを設置せず低コストで導入できるため，小規模なLANで利用される。

・**クライアントサーバシステム**………　各種のサービスを提供するサーバ専用機と，サービスを受ける複数のクライアント機で構成されたシステム。

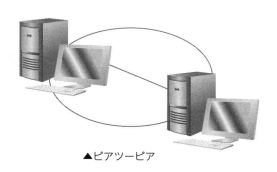

▲ピアツーピア

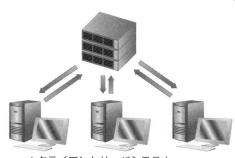

▲クライアントサーバシステム

⑵ネットワークの活用

企業の情報システムを業務に活用する例として，次のようなものがある。

・**ストリーミング**……… インターネット上にある音楽や動画などを，ダウンロードしながら同時に視聴する技術。ストリーミング技術を使って，動画を配信する方法をストリーミング配信という。ストリーミング配信の方法には，サーバにアクセスしてあらかじめ保存されている画像を見るオンデマンド配信と，生中継のライブ配信がある。

（ⅰ）従来方式

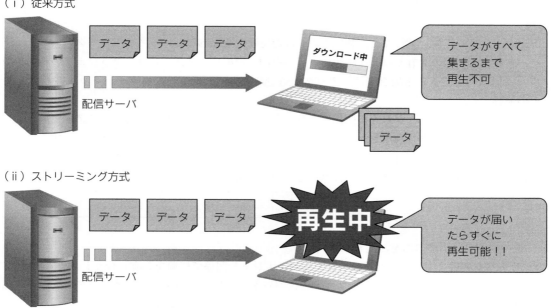

（ⅱ）ストリーミング方式

・**グループウェア**……… 企業内のネットワークを活用し，組織内の情報共有やコミュニケーションを図るために，グループで共同して使うソフトウェアの利用技術。電子メールやスケジュール管理，電子掲示板，Web会議システムなどの機能がある。イントラネットの普及に伴い，サーバにインストールすることで，各社員のパソコンからブラウザを通してほとんどの機能が使えるようになっている。

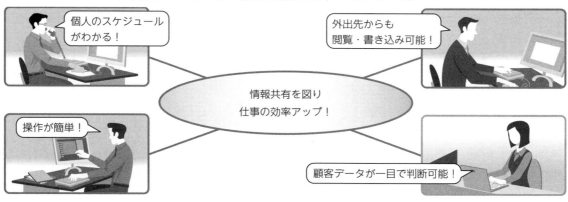

(1) 次のA群の語句に最も関係の深い説明文をB群から選び，記号で答えなさい。

〈A群〉

1. グループウェア　　　　　　2. クライアントサーバシステム　　　　　3. ピアツーピア

4. ストリーミング

〈B群〉

ア．オフィスや工場，学校など，特定の限られた建物や敷地内におけるネットワーク。

イ．組織内の情報の共有やコミュニケーションを図るために，共同で使うソフトウェアの利用技術。

ウ．通信に利用できる帯域を広げ，データ転送量を大きくした高速なインターネット接続サービスの総称。

エ．コンピュータどうしが対等の関係にあり，資源や機能を互いに利用し合うシステム構成。

オ．通信ネットワークを利用して，データを受信しながら同時に動画や音声などを再生する技術。

カ．プリンタなどのハードウェア資源やソフトウェアなどを集中管理するコンピュータと，その資源を利用するコンピュータが互いに処理を分担して接続されたシステムのこと。

1		2		3		4	

(2) 次の説明に該当する語を記述しなさい。

1. サーバを利用せずに，コンピュータどうしが1対1の関係で資源を共有し合うシステム構成。

2. ハードウェア資源やデータベースなどの情報資源を，集中管理するコンピュータと，その資源を利用するコンピュータが接続されたコンピュータネットワークのこと。

3. インターネット上の動画や音楽を，ダウンロードしながら同時に再生する技術。

4. 企業などで，LANやインターネットを活用して情報共有やコミュニケーションを効率的に行うためのソフトウェア。

1		2		3	
4					

Lesson 3 情報モラルとセキュリティ

1 権利の保護と管理

インターネットの普及により，私たちは手軽に写真や小説，音楽に触れることができる。ただし，これらの作品には，法律によって定められた権利があり保護されている。ここでは，さまざまな権利や法律について学習してみよう。

学習のポイント

キーワード

▶**権利**
- □ 知的財産権
- □ 産業財産権
- □ 著作権
- □ 肖像権

▶**法律**
- □ 著作権法
- □ 個人情報保護法
- □ 不正アクセス禁止法

▶**ソフトウェアライセンス**
- □ フリーウェア
- □ シェアウェア
- □ サイトライセンス
- □ OSS

(ⅰ) 言葉で表現されたもの

作文　新聞

(ⅱ) 美術作品

彫刻　コミック　絵画

(ⅲ) 写真

(ⅳ) 音楽

曲・歌詞

(ⅴ) 映画やテレビ番組・ビデオ

テレビ番組　映画

(ⅵ) パソコンのプログラム

▲ 著作物の種類

(1)権利

企業や人間が創り出したものには，さまざまな権利があり，使用するときには充分に配慮しなければならない。

- **知的財産権**………　人間の知的な創作活動によって生み出された成果物や生産物に与えられる財産権の総称。産業財産権や著作権などがあり，法律により保護される。

- **産業財産権**………　企業や個人が，研究や開発によって生み出した技術やアイディアなどを，公的機関に登録して保護し，第三者が使用できないようにして，独占的に使用できるようにした権利。これには，特許権，実用新案権，意匠権，商標権がある。

- **著作権**……………　絵画，彫刻，写真，映像，建築，音楽，詩，小説およびプログラムやデータなどを作成した人が，著作物を独占的に利用できる権利を**著作権**という。産業財産権とは異なり，権利を得るために法的な手続きの必要はなく，著作物を作成したことにより自動的に与えられる。原則，著作者本人の死後も70年間有効である。

- **肖像権**……………　自分の顔写真や肖像画（似顔絵も含む）を他人が使用した場合，使用された本人に発生する権利。自分のWebページに，本人の許可を得ないまま無断で顔写真を使用したりすると，肖像権の侵害とされ，多額の損害賠償請求を受けることがある。

⑵法律

知的財産権や肖像権などを保護する法律には，次のようなものがある。

- **著作権法**‥‥‥‥‥‥ 著作者の権利の保護を目的とする法律で，著作権の権利対象，権利発生要件，権利存続期間などを定めている。

- **個人情報保護法**‥‥‥‥ 個人の権利や利益を保護することを目的とし，個人情報（特定の個人を識別できる情報）を適切に扱うために定められた法律。個人情報を持つすべての事業者に対して適用される。企業が個人情報を取り扱う場合の原則を定め，本人の了解のない個人情報の流用，売買，譲渡および不正利用に対して規制を設けている。なお，正式名称は「個人情報の保護に関する法律」である。

- **不正アクセス禁止法**‥‥‥‥ 利用権限のないコンピュータへの侵入および利用を禁止する法律。本来許可されていないユーザや許可されていない方法などにより，ネットワークへアクセスすることなどを禁じている。なお，正式名称は「不正アクセス行為の禁止等に関する法律」である。

⑶ソフトウェアライセンス

ソフトウェアを利用する権利をライセンスといい，次のような分類がある。

- **フリーウェア**‥‥‥‥ ユーザが無料で自由に使用できるソフトウェアのこと。著作権は存在しているので，転載などに制限がある場合がある。

- **シェアウェア**‥‥‥‥ ソフトウェアの流通形態の一つで，ユーザはネットワークなどから自由にソフトウェアを取得することができ，一定の試用期間内であれば料金を払わずに利用することができる。引き続き利用する場合は，入金して権利を取得する。

- **サイトライセンス**‥‥‥‥ アプリケーションソフトの購入契約方法の一つで，使用する場所や装置，人数などの条件を特定し，その範囲内で必要台数分のソフトウェアのコピーと使用を許可するもの。企業や学校で大量にコンピュータを導入したときなどに利用される。

- **OSS（Open Source Software）**（オーエスエス）‥‥‥‥ ソフトウェアの設計図にあたるソースコードを，インターネットなどを通じて無償で公開し，誰でもそのソフトウェアの改良，再配布を行えるようにしたソフトウェアのこと。

≡ コラム 改正著作権法

　2012年に著作権法が改正され，違法に配信されているものと知りながら，有償の音楽や動画をダウンロードすると，2年以下の懲役または200万円以下の罰金またはその両方が科されることになった。また，2020年の改正で音楽や動画に限らないすべての著作物に範囲が拡大された。

　○対象は音楽と動画，漫画や小説，写真，論文，プログラムなど，すべての著作物。
　○違法にアップロードされた侵害コンテンツへのリンクを提供する行為も対象。
　○ストリーミング視聴は対象外。

---

(1)　次のＡ群の語句に最も関係の深い説明文をＢ群から選び，記号で答えなさい。

〈Ａ群〉

　1.　サイトライセンス　　　2.　OSS　　　　　　　　　3.　著作権法

　4.　肖像権　　　　　　　　5.　産業財産権

〈Ｂ群〉

　ア．人間の知的な創作物に対する財産権の総称。

　イ．個人情報を適切に扱うための法律。

　ウ．プログラムやデータの作成者を保護する権利。

　エ．ソフトウェアをパソコンの台数分購入する代わりに，台数分の使用権を購入する契約方法。

　オ．技術を進歩させたものに一定の権利を与えたもので，特許権や実用新案権などがある。

　カ．自分の写真などを無断で使用されないように保護する権利。

　キ．著作者の権利と，これに関係する利用者の権利を定め，その保護を目的とする法律。

　ク．作者の著作権を保ったまま，利用者が期間に関係なく無料で利用できるソフトウェア。

　ケ．ソフトウェアのソースコードを無償で公開し，誰でも改良・再配布が行えるソフトウェア。

　コ．他人のユーザ認証やパスワードを無断で使用し，ネットワーク上のコンピュータにアクセスすることを禁止する法律。

1		2		3		4		5	

(2)　次の説明に該当する語を記述しなさい。

　1.　人間の知的な創作活動によって生み出された成果物や生産物に与えられる財産権の総称。

　2.　知的財産権のうち，特許庁が所管する特許権，実用新案権，意匠権および商標権の四つの総称。

　3.　音楽やプログラムなどの作者が，創作したものを独占的に利用できる権利。

　4.　自分の姿が写っている写真などを，無断で使用されることがないように主張できる権利。

　5.　著作物の創作者と，この著作物を利用する者の権利と保護を目的とする法律。

　6.　個人情報を取り扱う事業者などに，安全管理措置を行うことを義務付け，個人に関する情報の保護を図ることを目的とする法律。

　7.　他人のユーザ認証やパスワードを無断で使用し，ネットワーク上のコンピュータにアクセスすることを禁止する法律。

　8.　無料で使用できるソフトウェアのこと。ライセンスや変更・再配布については，統一した条件はない。

　9.　一定の試用期間があり，継続利用する場合には料金を支払うソフトウェア。

　10.　学校や企業など特定の場所において，複数のコンピュータで同一のソフトウェアを使用するために，一括購入する際の契約方法。

　11.　ソフトウェアのソースコードを，インターネットなどを通じて無償で公開し，誰でも改良・再配布が行えるソフトウェア。

1		2		3		4	
5		6		7		8	
9		10		11			

2 セキュリティ管理

　インターネットの普及により，私たちの生活が便利になる一方で，データの改ざんや情報の漏えい，なりすましなどの問題も発生している。ここでは，これらの問題を防止するためのセキュリティ管理について学習してみよう。

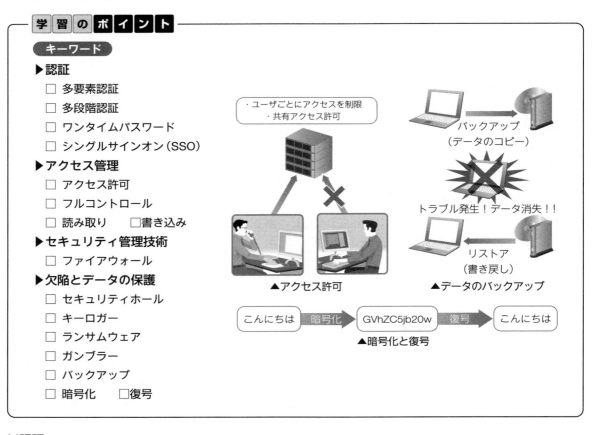

学習のポイント

キーワード

▶**認証**
- □ 多要素認証
- □ 多段階認証
- □ ワンタイムパスワード
- □ シングルサインオン（SSO）

▶**アクセス管理**
- □ アクセス許可
- □ フルコントロール
- □ 読み取り　　□書き込み

▶**セキュリティ管理技術**
- □ ファイアウォール

▶**欠陥とデータの保護**
- □ セキュリティホール
- □ キーロガー
- □ ランサムウェア
- □ ガンブラー
- □ バックアップ
- □ 暗号化　　□復号

・ユーザごとにアクセスを制限
・共有アクセス許可

バックアップ
（データのコピー）

トラブル発生！データ消失！！

リストア
（書き戻し）

▲アクセス許可　　　▲データのバックアップ

こんにちは 　暗号化　 GVhZC5jb20w 　復号　 こんにちは

▲暗号化と復号

⑴認証

　認証とは，コンピュータやネットワークを利用するときに行う本人確認のこと。通常，ユーザ名とパスワードで行われるが，現在では人間の身体的な特徴を利用した生体認証（バイオメトリクス認証）も普及している。なりすましによる不正なログインを防止するため、各種の認証方法を組み合わせることでセキュリティを高めることが可能である。

- **・多要素認証**………　本人確認に，複数の異なる要素を組み合わせて認証を行う方法である。認証の三要素といわれる「知識」「所有」「生体」の要素を2つ以上組み合わせる。

　「知識」：本人が知っていること　（例）暗証番号，秘密の答えなど
　「所有」：本人が持っているもの　（例）キャッシュカード，スマートフォンなど
　「生体」：本人の身体的な特徴　　（例）指紋，顔，虹彩，静脈，声紋など

　　　銀行のキャッシュカード（所有）と暗証番号（知識）の組み合わせ，ユーザID・パスワード（知識）とメールやスマートフォンのSMSに送られてくる認証コード（所有）の組み合わせなど，さまざまなものがある。

生体
知識
所有

▲認証の三要素

- **多段階認証**‥‥‥‥ 本人確認に，2回以上の認証を連続して行う方法である。認証の回数が重要となるので，認証の要素の組み合わせは同じでもかまわない。

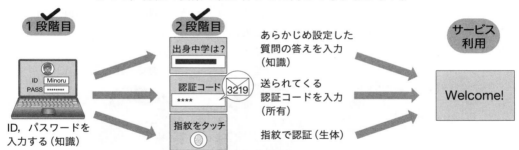

▲多段階認証の例

- **ワンタイムパスワード**‥‥‥‥ 本人確認に用いるパスワードとして，短時間（数十秒から数分）のみ有効なその場限りの文字列を生成して用いる方法である。パスワードの送付方法には，メールやスマートフォンのSMSが利用される場合が多い。

- **シングルサインオン（SSO）**‥‥‥‥ 1回の認証で，複数の異なるソフトウェアやサービスなどを利用できるようにするしくみのこと。ユーザID・パスワードの入力や管理の手間を省き，セキュリティを強化することができる。

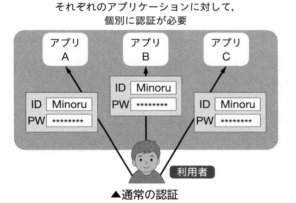

▲通常の認証

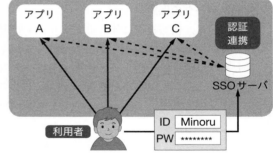

▲シングルサインオン（SSO）で認証

(2)アクセス管理

情報資産を保護するためには，アクセスできる範囲を適切に管理する必要がある。

①アクセス許可

ファイルやデータベースを利用する権限を**アクセス権**といい，利用者個人や所属するグループごとに**アクセス許可**の設定を行うことができる。

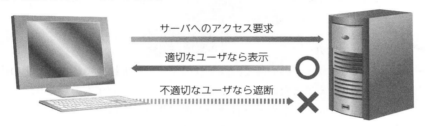

②アクセス許可の種類

アクセス許可の種類には，**フルコントロール**，**書き込み**，**読み取り**などがある。

- **フルコントロール**……… 　データの書き込み・読み取り・更新・削除のすべてを許可すること。
- **書き込み**………… 　データの追加のみ許可すること。
- **読み取り**………… 　データの参照のみ許可すること。

▲アクセス許可の設定

(3)セキュリティ管理技術

不正なアクセスや情報の漏えいを防止するために，次のような技術がある。

- **ファイアウォール**……… 　LANとインターネットの間に設置して，外部からLANへの不正なアクセスや，不正なデータの侵入を防ぐ目的で設けられたセキュリティ対策用のシステムのこと。日本語では「防火壁」という意味で，すべての通信を監視し，必要なデータだけを通すことができる。

(4)欠陥とデータの保護

残念ながら，情報技術に伴うセキュリティ管理に完璧と呼べるものはない。データがさまざまな障害を受ける可能性を考えて，あらかじめ保護しておくことも，セキュリティ管理の一つである。

- **セキュリティホール**……… 　ネットワークやシステムにおけるセキュリティ上の欠陥。放置しておくとハッカー(攻撃者)による不正な侵入を許す可能性がある。

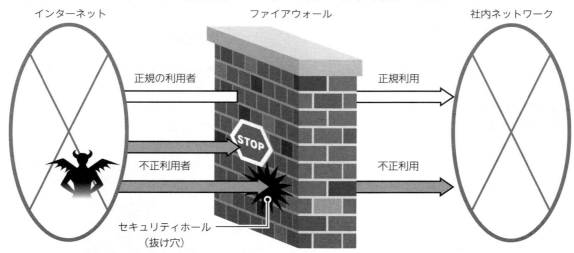

- **キーロガー**……… 　スパイウェアの一種で，ユーザのキーボード操作を監視し，その内容を記録するソフトウェアまたはハードウェアのこと。ユーザが入力したID・パスワードや住所，氏名，クレジットカード番号などの重要な個人情報を盗み出すものである。
- **ランサムウェア**……… 　コンピュータウィルスの一種で，感染するとコンピュータ内に保存しているデータが暗号化されて使えなくなったり，スマートフォンが操作不能になったりする。元に戻すことと引き換えに，身代金(Ransom)を要求する不正プログラムである。

- **ガンブラー**………　特定のマルウェアを示すものではなく，攻撃者が正規のWebサイトを改ざんし，ユーザをあらかじめ用意した不正なWebサイトへ誘導し，悪質なマルウェアを自動的にダウンロードさせる一連の攻撃手法のことである。

- **バックアップ**………　データのコピーを，別の記憶媒体に保存すること。情報を扱うシステムでは，磁気ディスクなどの破損や，コンピュータウイルスの感染などによってデータが消失してしまうことがある。こうした事態に備えて，定期的にバックアップしておく必要がある。

- **暗号化**……………　作成した文章を一定の方法にしたがって変換し，第三者にとって何を意味しているかわからないデータに変換すること。

- **復号**………………　暗号化された文を，正規の受信者が元の平文（通常の文）に変換すること。

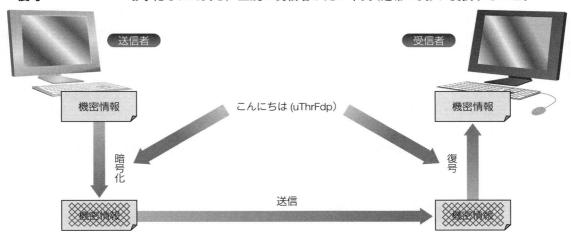

(1)　次の説明文に最も適した答えを解答群から選び，記号で答えなさい。

1. 通常の文を何らかの規則によって，第三者にとって何を意味しているかわからない文に変換すること。

2. 外部から悪意を持ったデータが侵入するのを防ぐために設けるセキュリティ対策用のシステム。

3. 不測の事態に備えて，プログラムやデータの複写を作成して保有しておくこと。

4. 暗号化されたデータを正規の受信者が元の平文（通常の文）に変換すること。

5. ネットワークやコンピュータシステムにおけるセキュリティ上の欠陥のこと。

```
┌─ 解答群 ─────────────────────────────────┐
│ ア．書き込み        イ．復号           ウ．セキュリティホール │
│ エ．シングルサインオン  オ．バックアップ      カ．暗号化        │
│ キ．フルコントロール   ク．サイトライセンス    ケ．ファイアウォール │
│ コ．解凍          サ．読み取り        シ．アクセス許可   │
└─────────────────────────────────────┘
```

1		2		3		4		5	

(2) 次の説明に該当する語を記述しなさい。

1. 本人確認に，複数の異なる要素を組み合わせて認証を行う方法。
2. 本人確認に，2回以上の認証を連続して行う方法。
3. 本人確認に用いるパスワードとして，短時間のみ有効な文字列を生成して用いる方法。
4. 1回の認証で，複数の異なるソフトウェアやサービスなどを利用できるようにするしくみ。
5. ファイルやデータベースを利用する権限。
6. データの書き込み・読み取り・更新・削除すべてを許可する権限。
7. データの追加のみを許可する権限。
8. データの参照のみを許可する権限。
9. 組織内のコンピュータネットワークに対する外部からの不正な侵入を防ぎ，安全を維持することを目的としたシステム。
10. プログラムの誤りなどにより発生する，ネットワークやコンピュータシステムにおける防御機構の欠陥。
11. ユーザのキーボード操作を監視してその内容を記録し，重要な個人情報を盗み出すもの。
12. 感染するとデータが暗号化されて使用できなくなり，元に戻すために身代金を要求するもの。
13. 正規のWebサイトを改ざんし，あらかじめ用意した不正なWebサイトへ誘導し，悪質なマルウェアを自動的にダウンロードさせる攻撃手法のこと。
14. ハードウェアの故障などによりデータが破壊されたときに備え，別の記憶媒体にデータを保存すること。
15. データを何らかの規則にもとづいて変換し，第三者に意味がわからないようにすること。
16. 内容がわからないように変換されたデータを，元のデータに戻すこと。

1		2		3	
4		5		6	
7		8		9	
10		11		12	
13		14		15	
16					

編末トレーニング

1 次の説明文に最も適した答えを解答群から選び，記号で答えなさい。

1．絵画，彫刻，写真，プログラムやデータなどを創作した人が，独占的に利用できる権利。
2．ディスプレイで色を表現するとき，光の三原色の組み合わせですべての色を表現する方式。
3．室内や建物内のLANを通信ケーブルで結ぶもの。
4．データの中身を変えず，データサイズを小さく変換すること。
5．インターネットを利用して，生中継のライブ配信されている動画を視聴するとき，データをダウンロードしながら同時に再生して見ることができる技術。

解答群

ア．ピクセル	イ．アーカイバ	ウ．ストリーミング
エ．著作権	オ．CMYK	カ．産業財産権
キ．有線LAN	ク．肖像権	ケ．無線LAN
コ．暗号化	サ．圧縮	シ．RGB

1		2		3		4		5	

2 次のA群の語句に最も関係の深い記述をB群から選び，記号で答えなさい。

〈A群〉

1．イニシャルコスト　　　　2．サブディレクトリ　　　　3．IEEE
4．サイトライセンス　　　　5．GIF

〈B群〉

ア．通信費・電気代・消耗品の費用・保守点検サービス費用など，運用中に継続的にかかるコスト。
イ．工業製品やその品質保証，科学技術に関する国際標準規格を制定している国際標準化機構。
ウ．最上位ディレクトリの下位に作成されるすべてのディレクトリ。
エ．圧縮による画質の劣化がなく，インターネット上でイラストなどを256色で表現するときに使用される圧縮画像のファイル形式。
オ．圧縮による劣化の少ないフルカラーを扱えるファイル形式。
カ．システムの開発費・ハードソフトの購入費・人件費など，新規に構築し稼働するまでのコスト。
キ．ファイルを階層構造で管理するとき，最上位のディレクトリ。
ク．ソフトウェアのソースコードを無償で公開し，改良・再配布を許可しているソフトウェア。
ケ．企業や学校で大量にコンピュータを導入したとき，その範囲内で条件を特定し，必要台数分のソフトウェアのコピーと使用を許可するもの。
コ．米国電気学会と無線学会が合併し，通信分野などの規格を定めている組織。

1		2		3		4		5	

3 次の説明文に最も適した答えをア，イ，ウから選び，記号で答えなさい。

1．2進数の1101と10進数の7の差を表す2進数。
    ア．101　　　　　　　　　イ．110　　　　　　　　　ウ．111

2．一定の試用期間の間は無料で利用することができ，引き続き利用する場合は，利用料を支払う必要があるソフトウェア。
    ア．シェアウェア　　　　　イ．OSS　　　　　　　　ウ．フリーウェア

3．ディスクの同心円上を20〜30に分割しデータを読み書きする最小単位の領域。
    ア．UPS　　　　　　　　イ．トラック　　　　　　ウ．セクタ

4．世界中で使用されるすべての文字を共通のコードとして利用できるように，2バイト（16ビット）で規格されているコード。
    ア．MP3　　　　　　　　イ．Unicode　　　　　　ウ．ASCII コード

5．サービスを提供する専用機と，サービスを受ける複数の端末機で構成されたシステム。
    ア．ピアツーピア　　　　　イ．グループウェア　　　ウ．クライアントサーバシステム

1		2		3		4		5	

4 次の説明文に最も適した答えを解答群から選び，記号で答えなさい。

1．プリンタに出力する際に，藍色・赤紫色・黄色の配合比率を変化させ，黒色を加えてすべての色を表現する方法。
2．ネットワークやシステム上の，セキュリティ設計における欠陥。
3．用紙に書かれた文字や数字，記号などを光学的に読み取る装置。
4．圧縮率は1／10〜1／100程度で，写真などの画像を圧縮したファイル形式。画像は劣化する。
5．1回の認証で，複数の異なるソフトウェアやサービスなどを利用できるようにするしくみのこと。

──解答群──
ア．ワンタイムパスワード		イ．OCR		ウ．BMP	
エ．シングルサインオン		オ．OMR		カ．RGB	
キ．ファイアウォール		ク．セキュリティホール		ケ．JPEG	
コ．CMYK		サ．SSID		シ．MP3	

1		2		3		4		5	

5 次のＡ群の語句に最も関係の深い記述をＢ群から選び，記号で答えなさい。

〈Ａ群〉
1．バイナリファイル　　　2．OSS　　　3．ランサムウェア
4．ISO　　　5．CSV

〈Ｂ群〉
ア．国際標準化機構。科学技術などに関する国際標準規格を制定している組織。

イ．感染すると保存しているデータが暗号化されて使えなくなったり，スマートフォンが操作不能になったりし，元に戻すために身代金を要求する不正プログラム。

ウ．コンピュータの機種やOSの違いに関係なく，また文書作成のソフトウェアがなくても，文書を表示することができる電子文書のファイル形式。

エ．文字データだけで構成されたファイル形式。機種の違うコンピュータでも共通して利用できる。

オ．工業製品の統一と標準化を行うアメリカの非営利組織。

カ．ソフトウェアのソースコードを，インターネットなどを通じて無償で公開し，改良や再配布が行えるようにしたソフトウェアのこと。

キ．アプリケーションソフトの購入時に，装置や人数などの条件を設定し，その範囲内で必要台数分のソフトウェアのコピーと使用を許可する契約形態。

ク．画像や動画，音声，実行可能形式のプログラムを収めたファイル。

ケ．ユーザのキーボード操作を監視してその内容を記録するソフトウェアまたはハードウェア。入力したID・パスワードや住所，氏名などの個人情報を盗み出すもの。

コ．データの項目をコンマで区切り並べたファイル形式。データは，表計算ソフトやプログラムで使用することができる。

1		2		3		4		5	

6 次の説明文に最も適した答えをア，イ，ウから選び，記号で答えなさい。

1．2進数の1011と110の積を表す10進数。
　　ア．55　　　イ．66　　　ウ．77

2．圧縮による画質の劣化がなく，256色で表現するためイラストに向いているファイル形式。
　　ア．PNG　　　イ．GIF　　　ウ．ZIP

3．イメージスキャナで，解像度300dpiに設定し，横30cm，縦20cmの写真を，256色（8ビットカラー）で取り込んだときの記憶容量。ただし，1インチ＝2.5cm，1MB＝1,000,000Bとする。
　　ア．約1.4MB　　　イ．約1.8MB　　　ウ．約8.6MB

4．携帯電話の通信契約をしているスマートフォンを，他の端末にBluetoothで接続して，ルータの代わりに利用しインターネットに接続する技術。
　　ア．テザリング　　　イ．アーカイバ　　　ウ．拡張子

5．無線LANにおけるアクセスポイントの識別子。最大32文字までの英数字を自由に設定できる。
　　ア．Wi-Fi　　　イ．パケット　　　ウ．SSID

1		2		3		4		5	

学習と検定

全商情報処理検定テキスト
2級プログラミング部門

表紙デザイン
エッジ・デザインオフィス

○編　者──実教出版編修部

○発行者──小田　良次

○印刷所──株式会社広済堂ネクスト

○発行所─実教出版株式会社

〒 102-8377
東京都千代田区五番町 5
電話〈営業〉(03) 3238-7777
　　〈編修〉(03) 3238-7332
　　〈総務〉(03) 3238-7700
https://www.jikkyo.co.jp/

002402022

ISBN978-4-407-35500-0

2級（プログラミング部門）の出題範囲

プログラミング部門範囲

(1)関連知識

□翻訳(コンパイル)

□機械語

□テストラン

□文法エラー

□論理エラー

□デバッグ

□言語プロセッサ

  □コンパイラ

  □インタプリタ

  □アセンブラ

□プログラム言語

  □C言語

  □Java

  □アセンブリ言語

  □簡易言語

□データチェック

  □シーケンスチェック

  □リミットチェック

  □トータルチェック

  □ニューメリックチェック

  □チェックディジットチェック

□グローバル変数

□ローカル変数

(2)アルゴリズム

□手続きの呼び出し

□データの集計

□データの件数

□最大値・最小値

□一次元配列

□線形探索

□多分岐

(3)プログラム言語（マクロ言語）

□変数(数値型　文字列型)

  □Long

  □String

□定数

□比較演算子(=　>　>=　<　<=　<>)

□算術演算子(+　−　*　/　^　Mod　¥)

□代入演算子(=)

□論理演算子(And　Or　Not)

□文字列結合(&)

□注釈(')

□関数

  □MsgBox

  □InputBox

  □Val

  □Int

□If ～ Then ～ Else ～ End If

□For ～ Next

□Do While ～ Loop

□Sub ～ End Sub

学習と検定

全商情報処理検定テキスト
２級プログラミング部門

解答編

年	組	番

実教出版

Part I アルゴリズム編

Lesson 1 流れ図の導入（3級の復習）

確認 （p.5）

(1)	(2)	(3)	(4)	(5)
ウ	キ	イ	カ	ア

(6)	(7)	(8)	(9)	(10)
ケ	シ	ク	コ	サ

練習1 （p.5）

(1)	(2)	(3)	(4)	(5)	(6)
エ	オ	カ	ウ	ア	イ

練習2 （p.8）

(1)	(2)	(3)	(4)	(5)	(6)
オ	エ	イ	キ	カ	ウ

練習3 （p.9）

(1)	(2)	(3)	(4)	(5)
コ	イ	ク	オ	ウ

Lesson 2 流れ図の基礎

練習4 （p.11）

(1)	(2)	(3)	(4)	(5)
ウ	ア	カ	キ	イ

練習5 （p.13）

(1)	(2)	(3)	(4)	(5)
イ	カ	ク	ウ	オ

練習6 （p.15）

(1)	(2)	(3)	(4)
キ	イ	ア	エ

練習7 （p.18）

(1)	(2)	(3)	(4)	(5)
ア	エ	コ	カ	キ

練習8 （p.19）

(1)	(2)	(3)	(4)	(5)
ウ	ア	カ	キ	エ

練習9 （p.21）

(1)	(2)	(3)	(4)	(5)
ウ	カ	エ	ク	ア

練習10 （p.23）

(1)	(2)	(3)	(4)	(5)
カ	ア	ウ	ク	エ

練習11 （p.25）

(1)	(2)	(3)	(4)	(5)
イ	オ	キ	ウ	コ

練習12 （p.26）

(1)	(2)	(3)	(4)	(5)
エ	イ	ケ	カ	ク

練習13 （p.28）

(1)	(2)	(3)	(4)	(5)
エ	キ	ア	イ	カ

練習14 （p.29）

(1)	(2)	(3)	(4)	(5)
オ	キ	ア	ク	ウ

編末トレーニング

1 （p.30）

(1)	(2)	(3)	(4)	(5)
イ	ク	オ	ウ	キ

2 （p.31）

(1)	(2)	(3)	(4)	(5)
ク	イ	オ	エ	キ

3 （p.32）

(1)	(2)	(3)	(4)	(5)
コ	ア	ク	オ	カ

4 （p.33）

(1)	(2)	(3)	(4)	(5)
イ	キ	ケ	エ	ア

※(4)，(5)は順不同

5 （p.34）

(1)	(2)	(3)	(4)	(5)
オ	ア	コ	ケ	カ

6 （p.35）

(1)	(2)	(3)	(4)	(5)
キ	ア	オ	ケ	ク

7 （p.36）

(1)	(2)	(3)	(4)	(5)
ア	キ	ケ	カ	オ

8 （p.37）

(1)	(2)	(3)	(4)	(5)
コ	ウ	ク	イ	カ

9 (p.38)

(1)	(2)	(3)		(4)		(5)
		❶	❷	❶	❷	
ク	サ	イ	セ	ウ	コ	ソ

10 (p.40)

(1)	(2)	(3)	(4)		(5)	
			❶	❷	❶	❷
セ	ケ	テ	ト	チ	サ	イ

Part II マクロ言語編

Lesson 1 マクロ言語の基礎

確認1 （p.43）

(1) Dim Jikoku As Long

(2) Dim Juusho As String, Simei As String

確認2 （p.44）

(1) a = 10

(2) Moji = "Hello"

(3) n = s

(4) Kensu = Kensu + 1

(5) y = x ^ 5

(6) Syo = Su ¥ 20

確認3 （p.45）

(1) Kamoku = InputBox("科目名？")

(2) MsgBox ("科目は" & Kamoku & "です")

(3) Ninzu = Val(InputBox(""))

(4) Wari = Int(Dansi * 100 / Gokei)

確認4 （p.47）

(1) If Ten >= 60 And Men = "A" Then
　　　Nin = Nin + 1
　　End If

(2) If Kin >= 10000 Then
　　　Ritu = 10
　　Else
　　　Ritu = 0
　　End If

例題1 （p.54）

(1) Dim d As Long

(2) d = a * b

(3) MsgBox (a & "+" & b & "=" & c)

例題2 （p.55）

(1) Dim h As String

(2) s = Int(n / 2)
　　〈別解〉 s = n ¥ 2

(3) If a = 1 Then
　　〈別解〉 If a <> 0 Then
　　　　　　If a > 0 Then

例題3 （p.56）

(1) w = 0

(2) For s = 1 To n

(3) w = w + s

例題4 （p.57）

(1) Do While w > 0

(2) a = w - h * 2

(3) w = Int(w / 2)
　　〈別解〉 w = w ¥ 2

Lesson ❷ マクロ言語（トレース）

練習1 （p.59）

(1)	(2)	(3)
0	24	35

▼トレース表（例）

p	d	s	
0	–	–	
0	0	–	
0	0	23	
0	23	23	
0	23	18	（ア）
0	23	29	
0	29	29	
0	29	35	
0	35	35	
0	35	30	（ア）
0	35	24	（ア）
0	35	0	
1	35	0	（イ）

例題2 （p.60）

(1)		(2)
k	s	
4	4	3

練習2 （p.61）

(1)	(2)	(3)
45	2 回	180

▼トレース表（x=2の例）

x	k	g	t	s	
2	–	–	–	–	
2	1	–	–	–	
2	1	0	–	–	
2	1	0	0	–	
2	1	0	0	1	
2	1	0	1	1	
2	1	0	1	2	
2	1	0	3	2	
2	1	0	3	3	
2	1	0	6	3	
2	1	0	6	4	
2	1	0	10	4	
2	1	0	10	5	
2	1	0	15	5	
2	1	0	15	6	
2	1	0	21	6	
2	1	0	21	7	
2	1	0	28	7	
2	1	0	28	8	
2	1	0	36	8	
2	1	0	36	9	
2	1	0	45	9	
2	1	0	45	10	
2	1	45	45	10	（ア）
2	2	45	45	10	
2	2	45	0	10	
2	2	45	0	1	
2	2	45	1	1	
		（中略）			
2	2	45	45	9	
2	2	45	45	10	
2	2	90	45	10	（ア）
2	3	90	45	10	（イ）

1 （p.62）

(1)	(2)	(3)	(4)	(5)
1	19	6 回	13	ア

2 （p.63）

(1)	(2)	(3)	(4)	(5)
3 回	15	4	×	イ

3 （p.64）

(1)	(2)	(3)	(4)	(5)
6 回	36	27	90	イ

4 （p.65）

(1)	(2)	(3)	(4)	(5)
0 回	9	18	48	ウ

5 （p66）

(1)	(2)	(3)	(4)	(5)
9	27	10	15	ウ

6 （p.67）

(1)	(2)	(3)	(4)	(5)
4	10 回	20	10	ウ

7 （p.68）

(1)	(2)	(3)	(4)	(5)
3 回	1000	1 回	0010	イ

8 （p.69）

(1)	(2)	(3)	(4)	(5)
9	27	○	64	ア

PartⅢ プログラミング関連知識編

1．プログラムの流れとプログラム言語／2．変数

練習1 （p.72）

1	カ	2	ケ	3	ク	4	ウ	5	ア

練習2 （p.72）

1	ア	2	カ	3	キ	4	ケ	5	イ

練習3 （p.73）

1	ウ	2	ク	3	オ	4	コ	5	エ

練習4 （p.73）

1	エ	2	ウ	3	ア	4	イ	5	オ

編末トレーニング

1 （p.74）

1	ア	2	コ	3	ウ	4	カ	5	エ

2 （p.74）

1	ケ	2	イ	3	カ	4	オ	5	ク

3 （p.74）

1	ク	2	ケ	3	カ	4	ウ	5	オ

4 （p.75）

1	ア	2	ウ	3	イ	4	イ	5	ウ

5 （p.75）

1	イ	2	ア	3	ア	4	ウ	5	イ

6 （p.75）

1	イ	2	ウ	3	ア	4	ア	5	イ

Part Ⅳ 知識編

Lesson 1 ハードウェア・ソフトウェア

1. ハードウェアの構成
筆記練習27　（p.80）

(1)

1	磁気ヘッド	2	アクセスアーム	3	セクタ	4	トラック	5	シリンダ

(2)

1	OCR		2	OMR		3	ランニングコスト（運用コスト）	
4	イニシャルコスト（初期コスト）	5	TCO（総保有コスト）			6	UPS	

(3)

1	24	2	100	3	14	4	10100
5	100001	6	10	7	36	8	28

2. ソフトウェアに関する知識
筆記練習28　（p.85〜86）

(1)

1	エ	2	キ	3	カ	4	ク	5	ア	6	サ

(2)

1	921.6KB	2	2.16MB	3	3.1MB	4	18MB

（解説）

1．画像容量＝横方向画素数×縦方向画素数×1画素あたりのビット数÷8
$$= 640 \times 480 \times 24 \div 8（ビット）$$
$$= 7,372,880 \div 8（ビット）$$
$$= 921,600（B）$$
$$= 921.6（KB）$$

2．横：15（cm）÷2.5＝6（インチ），縦：10（cm）÷2.5＝4（インチ）
画像容量＝（解像度　横）×（解像度　縦）×1画素あたりのビット数÷8
$$= (300 \times 6) \times (300 \times 4) \times 8 \div 8$$
$$= 1,800 \times 1,200（B）\times 1$$
$$= 2,160,000（B）$$
$$= 2.16（MB）$$

3．画像容量＝横方向画素数×縦方向画素数×1画素あたりのビット数÷8（ビット）
$$= 1,366 \times 768 \times 24 \div 8（ビット）$$
$$= 25,178,112 \div 8（ビット）$$
$$= 3,147,264（B）$$
$$≒ 約3.1（MB）$$

4．1枚の画像容量＝1,200×1,000×24÷8（ビット）＝3,600,000（B）
半分に圧縮＝3,600,000÷2×10（枚）＝1,800,000×10（枚）＝18（MB）

(3)

1	ドット	2	ピクセル	3	解像度	4	dpi
5	ppi	6	RGB	7	CMYK	8	圧縮
9	解凍	10	アーカイバ	11	プラグアンドプレイ		

(4)

1	イ	2	イ	3	ウ

3．ディレクトリとファイル
筆記練習29 （p.91〜92）

(1)

1	カ	2	ア	3	エ	4	ク	5	ウ

(2)

1	イ	2	ウ	3	ウ	4	イ	5	ア	6	ウ

(3)

1	拡張子	2	ワイルドカード	3	テキストファイル	4	バイナリファイル
5	BMP	6	JPEG	7	GIF	8	PNG
9	MPEG	10	MIDI	11	MP3	12	CSV
13	PDF	14	ZIP	15	ディレクトリ	16	ルートディレクトリ
17	サブディレクトリ	18	ISO	19	JIS	20	ANSI
21	IEEE	22	JISコード	23	ASCIIコード	24	Unicode

Lesson ❷ 通信ネットワーク

1．ネットワークの構成
筆記練習30 （p.95）

(1)

1	ア	2	エ	3	ウ	4	キ

(2)

1	アナログ回線	2	ディジタル回線	3	パケット	4	LAN
5	有線LAN	6	無線LAN	7	Wi-Fi	8	SSID
9	テザリング						

2．ネットワークの活用
筆記練習31 （p.98）

(1)

1	イ	2	カ	3	エ	4	オ

(2)

1	ピアツーピア	2	クライアントサーバシステム	3	ストリーミング
4	グループウェア				

Lesson ③ 情報モラルとセキュリティ

1. 権利の保護と管理
筆記練習32 （p.101）

(1)

1	エ	2	ケ	3	キ	4	カ	5	オ

(2)

1	知的財産権	2	産業財産権	3	著作権	4	肖像権
5	著作権法	6	個人情報保護法	7	不正アクセス禁止法	8	フリーウェア
9	シェアウェア	10	サイトライセンス	11	OSS		

2. セキュリティ管理
筆記練習33 （p.105〜106）

(1)

1	カ	2	ケ	3	オ	4	イ	5	ウ

(2)

1	多要素認証	2	多段階認証	3	ワンタイムパスワード
4	シングルサインオン	5	アクセス権	6	フルコントロール
7	書き込み	8	読み取り	9	ファイアウォール
10	セキュリティホール	11	キーロガー	12	ランサムウェア
13	ガンブラー	14	バックアップ	15	暗号化
16	復号				

編末トレーニング

1 (p.107)

1	エ	2	シ	3	キ	4	サ	5	ウ

2 (p.107)

1	カ	2	ウ	3	コ	4	ケ	5	エ

3 (p.108)

1	イ	2	ア	3	ウ	4	イ	5	ウ

4 (p.108)

1	コ	2	ク	3	イ	4	ケ	5	エ

5 (p.109)

1	ク	2	カ	3	イ	4	ア	5	コ

6 (p.109)

1	イ	2	イ	3	ウ	4	ア	5	ウ

（解説）

3．横：$30 \div 2.5 = 12$（インチ），縦：$20 \div 2.5 = 8$（インチ）

$$画像容量 = (300 \times 12) \times (300 \times 8) \times 8 \div 8$$
$$= 3,600 \times 2,400 \times 8 \div 8$$
$$= 8,640,000\,(\text{B})$$
$$= 8.64\,(\text{MB})$$